Gorros, manoplas, patucos y bufandas

Gorros, manoplas, patucos y bufandas

20 DIVERTIDOS PROYECTOS DE PUNTO
PARA PEQUEÑOS MONSTRUITOS

Nuriya Khegay

BLUME

BLUME

Título original *Monster Knits for Little Monsters*

Edición Sarah Bloxham, Samantha Warrington, Cath Senker, Jo Morley, Claire Crompton

Diseño Rosamund Saunders

Ilustraciones Stephen Dew

Fotografía Alexandra Vainshtein

Modelos Allen Khegay, Valeria Khegay, Veronica Hakhovich, Olivia Judith Bokk, Samuel Fisher

Traducción Teresa Jarrín Rodríguez

Revisión de la edición en lengua española
Isabel Jordana Barón
Profesora de Moda. Escola de la Dona, Barcelona

Coordinación de la edición en lengua española
Cristina Rodríguez Fischer

Primera edición en lengua española 2014

© 2014 Naturart, S.A. Editado por BLUME
Av. Mare de Déu de Lorda, 20
08034 Barcelona
Tel. 93 205 40 00 Fax 93 205 14 41
e-mail: info@blume.net
© 2013 Collins & Brown Limited, Londres

I.S.B.N.: 978-84-16138-07-4

Impreso en China

WWW.BLUME.NET

Este libro se ha impreso sobre papel manufacturado con materia prima procedente de bosques de gestión responsable. En la producción de nuestros libros procuramos, con el máximo empeño, cumplir con los requisitos medioambientales que promueven la conservación y el uso responsable de los bosques, en especial de los bosques primarios. Asimismo, en nuestra preocupación por el planeta, intentamos emplear al máximo materiales reciclados, y solicitamos a nuestros proveedores que usen materiales de manufactura cuya fabricación esté libre de cloro elemental (ECF) o de metales pesados, entre otros.

contenido

introducción

Me gustaría dar la bienvenida al
lector de este libro, que encontrará
una muestra de mis diseños favoritos
para gorros infantiles de punto.

Cuando era una madre joven que vivía en Nueva York, me di cuenta de que en esta ciudad se necesitan gorros de abrigo para que los niños pequeños tengan protegida la cabecita del frío gélido y el viento glacial. Como mi madre me había enseñado a hacer labores, comencé a diseñar gorros de invierno para mis hijos. Quería que fueran calentitos, cómodos y prácticos, pero también que los diseños resultaran atractivos para que a los niños les parecieran irresistibles.

La mayor parte de mis prendas tienen un diseño único para que abrigue bien la cabeza, las orejas y el cuello. El práctico diseño de jersey hará que el niño no se quite el gorro cuando no lo estén vigilando. Todas las prendas tienen manoplas a juego, y algunas, también patucos. Con estos gorros, además, no harán falta bufandas, aunque he incluido también tres patrones de unos gorros que se atan por debajo de la barbilla y que tienen bufandas a juego: el *búho sabio* (*véase* pág. 44), el *zorro peludo* (*véase* pág. 86) y el *pingüino juguetón* (*véase* pág. 110).

He dividido las labores en capítulos. *Criaturas encantadoras* (*véase* pág. 8) contiene algunos de los patrones más sencillos, como el *osito de miel*, que se teje con un solo color. En *Amigos con plumas* (*véase* pág. 28), encontrará gran variedad de diseños de aves originales y llamativos, y hay patrones tanto para principiantes como para tejedores de un nivel intermedio o avanzado. En *Monstruos adorables* (*véase* pág. 50), se presentan patrones de distintos monstruos y alienígenas que con seguridad harán las delicias de los niños. Se trata de patrones más avanzados que pondrán a prueba su destreza, pero merecerá la pena el esfuerzo. *Animales adorables* (*véase* pág. 74) contiene algunos de los animales que siempre gustan a todo el mundo, como el *pequeño panda* o el *tiburoncito*, además del *zorro peludo*, con su extraordinaria bufanda. Se trata de patrones de nivel intermedio y avanzado. Por último, en *Amigos festivos* (*véase* pág. 96), encontrará un encantador gran número de patrones para principiantes y de nivel intermedio para la época navideña.

Antes de embarcarse en una labor de punto, lea la sección *Conocimientos básicos de punto* (*véase* pág. 114), donde se detallan los utensilios, los materiales y las técnicas que necesitará, así como un gran número de consejos prácticos. En todos los patrones del libro se emplea el hilo acrílico Lion Brand Jiffy, que además de tener un tacto suave, es muy fácil de lavar. Le recomiendo que use este hilo si es posible. También tendrá que hacer un poco de ganchillo y de bordado, de nivel muy básico, para muchos de los patrones. En algunos se emplea mi técnica especial para cerrar aletas y orejas (*véase* pág. 138): quizá quiera practicarla antes de empezar.

Espero que disfrute tanto como yo tejiendo prendas de temas animales y que estos patrones estimulen su imaginación y le lleven a crear sus propios diseños para sus hijos.

Nuriya Khegay

criaturas encantadoras

osito de miel

Este sencillo diseño es una labor perfecta para principiantes. El bordado de abeja de las manoplas es un detalle muy atractivo y los hermosos patucos completan el conjunto.

GORRO Y MANOPLAS
NIVEL: principiante
TALLAS
6-12 meses (12-24 meses, 2-3 años)
Medidas de la prenda acabada
De «mejilla a mejilla» alrededor del gorro:
36 (37, 38) cm
Circunferencia de las manoplas:
13,75 (15, 16,25) cm
Longitud de las manoplas:
14 (16,5, 18) cm
Patucos, del talón a la punta de los pies:
7,5 (9, 11) cm
MATERIALES
GORRO
Hilo:
1 ovillo de 85 g (123 m) de hilo Lion Brand Jiffy,
100 % acrílico, de color dorado (Gold)
Agujas:
• 1 par de agujas de 3,25 mm
• Agujas circulares de 3,25 mm
• Marcador de puntos
• Aguja de coser
MANOPLAS
Hilo principal:
Color A: 1 ovillo de 85 g (123 m) de hilo Lion Brand
Jiffy, 100 % acrílico, de color dorado (Gold)
Cantidades pequeñas:
Color B: Lion Brand Jiffy, 100 % acrílico, negro
Color C: Lion Brand Baby's First Yarn, 100 %
acrílico, amarillo (Honey Bee)
Agujas:
• 4 agujas de 2 mm de doble punta
• 4 agujas de 3,25 mm de doble punta
• Aguja de coser
PATUCOS
Hilo:
1 ovillo de 85 g (123 m) de hilo Lion Brand Jiffy,
100 % acrílico, de color dorado (Gold)
Agujas:
• 4 agujas de 3,25 mm de doble punta
• Aguja de coser
TENSIÓN
16 pts y 25 vueltas = cuadrado de 10 cm en punto
de media con agujas de 3,25 mm
19 pts y 28 vueltas = cuadrado de 10 cm en punto
inglés pd1 pr1 con agujas de 3,25 mm

GORRO

Con un par de agujas de 3,25 mm, monte 57 (61, 65) pts.
Vueltas 1-6 (6, 6): punto inglés pd1, pr1.
Vueltas 7-30 (30, 32): haga punto de media comenzando con una vuelta de pd.
Vuelta 31 (31, 33): pd18 (19, 21), t2pdj, pd17 (19, 19), t2pdj, dé la vuelta. 55 (59, 63) pts.
Vuelta 32 (32, 34): pp, pr17 (19, 19), t2prj, dé la vuelta. 54 (58, 62) pts.
Vuelta 33 (33, 35): pp, pd17 (19, 19), t2pdj, dé la vuelta. 53 (57, 61) pts.
Rep. vueltas 32 (32, 34) y 33 (33, 35) hasta la vuelta 54 (56, 62). 32 (34, 34) pts.
Vuelta 55 (57, 63): pp, *pr1, pd1* rep. desde * hasta * 8 (9, 9) veces, pr1, t2pdj, dé la vuelta. 31 (33, 33) pts.
Vuelta 56 (58, 64): pp, *pd1, pr1* rep. desde * hasta * 8 (9, 9) veces, pd1, t2prj, dé la vuelta. 30 (32, 32) pts.
Rep. vueltas 55 (57, 63) y 56 (58, 64) hasta la vuelta 66 (68, 74). 20 (22, 22) pts.

Para los principiantes resulta más fácil trabajar con un solo color.

Cuello

Cambie a agujas circulares de 3,25 mm y coloque un marcador al principio de la vuelta.

Vuelta 67 (69, 75): pp, *pr1, pd1* rep desde * hasta * 8 (9, 9) veces, pr1, t2pdj, coja 13 (12, 12) pts en un lado del gorro, monte 7 (7, 7) pts, una la labor para tejer en redondo teniendo cuidado de no retorcerla, coja 13 (12, 12) pts en el otro lado del gorro. 52 (52, 52) pts.

Vueltas 68-77 (70-81, 76-89): punto inglés pd1, pr1.

Vuelta 78 (82, 90): pd2 (3, 3), ph, pd2, ph, pd11 (11, 11), ph, pd2, ph, pd11 (11, 11) ph, pd2, ph, pd11 (11, 11), ph, pd2, ph, pd9 (8, 8). 60 (60, 60) pts.

Vuelta 79 (83, 91): pd3 (4, 4), ph, pd2, ph, pd13 (13, 13), ph, pd2, ph, pd13 (13, 13) ph, pd2, ph, pd13 (13, 13), ph, pd2, ph, pd10 (9, 9). 68 (68, 68) pts.

Vuelta 80 (84, 92): pd4 (5, 5), ph, pd2, ph, pd15 (15, 15), ph, pd2, ph, pd15 (15, 15) ph, pd2, ph, pd15 (15, 15), ph, pd2, ph, pd11 (10, 10). 76 (76, 76) pts.

Vuelta 81 (85, 93): pd5 (6, 6), ph, pd2, ph, pd17 (17, 17), ph, pd2, ph, pd17 (17, 17) ph, pd2, ph, pd17 (17, 17), ph, pd2, ph, pd12 (11, 11). 84 (84, 84) pts.

Vuelta 82 (86, 94): pd6 (7, 7), ph, pd2, ph, pd19 (19, 19), ph, pd2, ph, pd19 (19, 19) ph, pd2, ph, pd19 (19, 19), ph, pd2, ph, pd13 (12, 12). 92 (92, 92) pts.

Vuelta 83 (87, 95): pd7 (8, 8), ph, pd2, ph, pd21 (21, 21), ph, pd2, ph, pd21 (21, 21) ph, pd2, ph, pd21 (21, 21), ph, pd2, ph, pd14 (13, 13). 100 (100, 100) pts.

Vuelta (88, 96) (solo las dos tallas más grandes): pd (9, 9), ph, pd2, ph, pd (23, 23) ph, pd2, ph, pd (23, 23) ph, pd2, ph, pd (23, 23), ph, pd2, ph, pd (14, 14). (108, 108) pts.

Vuelta (89, 97) (solo las dos tallas más grandes): pd (10, 10), ph, pd2, ph, pd (25, 25), ph, pd2, ph, pd (25, 25) ph, pd2, ph, pd (25, 25), ph, pd2, ph, pd (15, 15). (116, 116) pts.

Vuelta (98) (solo la talla más grande): pd (11), ph, pd2, ph, pd (27), ph, pd2, ph, pd (27) ph, pd2, ph, pd (27), ph, pd2, ph, pd (16). (124) pts.

Vuelta (99) (solo la talla más grande): pd (12), ph, pd2, ph, pd (29), ph, pd2, ph, pd (29) ph, pd2, ph, pd (29), ph, pd2, ph, pd (17). (132) pts.

Vuelta 84-89 (90-95, 100-105) (todas las tallas): punto inglés pd1, pr1.
Remate y cosa los hilos sueltos.

Orejas (confeccione 2)

Con un par de agujas de 3,25 mm, monte 25 pts. dejando un trozo de hilo de 20 cm para luego coser las orejas en su sitio.

Vueltas 1-5: punto inglés pd1, pr1.
Deje un trozo de hilo lo bastante largo como para luego entretejerlo. Entreteja el hilo por los 25 puntos y sáquelos de la aguja. Tire firmemente del hilo y asegúrelo con un nudo fuerte.

ACABAR LA PIEZA

1 Cosa las orejas al gorro en la posición que se muestra usando una costura invisible.

2 Entreteja los extremos del hilo.

Vista trasera del gorro que muestra el ajuste del cuello y los hombros.

El gorro del osito de miel abrigará las orejas y enmarcará bellamente la cara.

Las pequeñas abejas se cosen en las manoplas, y el diseño de los patucos es un clásico del estilo de punto fácil.

MANOPLAS

(CONFECCIONE 2)

Puño

Use agujas de doble punta de 2 mm, monte 22 (24, 26) puntos y divídalos de manera uniforme entre 3 agujas. Una la labor para tejer en redondo con cuidado de no retorcerla. Coloque un marcador al principio de la vuelta.

Vueltas 1-10 (1-12, 1-14): punto inglés pd1, pr1.

Escudete del pulgar

Cambie a agujas de doble punta de 3,25 mm para tejer el resto de la manopla.

Vuelta 1: aum1d, haga pd hasta el final de la vuelta. 23 (25, 27) pts.

Vuelta 2: pd.

Vuelta 3: aum1d, pd1, aum1iz, pd hasta el final de la vuelta. 25 (27, 29) pts.

Vuelta 4: pd.

Vuelta 5: aum1d, pd3, aum1iz, pd hasta el final de la vuelta. 27 (29, 31) pts.

Vuelta 6: pd.

Vuelta 7: aum1d, pd5, aum1iz, pd hasta el final de la vuelta. 29 (31, 33) pts.

Vuelta 8: pd.

Vuelta (9, 9) (solo las dos tallas más grandes): aum1d, pd7, aum1iz, pd hasta el final de la vuelta. (33, 35) pts.

Vuelta 9 (10, 10): pd1, deje en espera 7 (9, 9) puntos del pulgar empleando una hebra de hilo sobrante y vuelva a unir la labor para tejer los puntos de la mano en redondo, pd21 (23, 25). 22 (24, 26) pts.

Mano

Vueltas 10-22 (11-26, 11-28): pd.

Cierre la parte superior

Vuelta 23 (27, 29): t2pdj hasta el final de la vuelta. 11 (12, 13) pts.

Vuelta 24 (28, 30): pd.

Vuelta 25 (29, 31): t2pdj hasta el final de la vuelta (si llega al final de la vuelta y le sobra un punto, téjalo). 6 (6, 7) pts.

Deje un trozo de hilo lo bastante largo como para entretejerlo. Haga pasar el hilo por todos los puntos y sáquelos de la aguja. Tire del hilo con firmeza y asegúrelo. Entreteja los hilos sueltos.

Pulgar

Pase los 7 (9, 9) puntos del pulgar que dejó en espera a unas agujas de doble punta de 3,25 mm. Vuelva a unir el hilo y coja un punto adicional en la esquina donde la parte de la palma se une con el escudete. 8 (10, 10) pts.

Vueltas 1-6 (1-6, 1-8): pd.

Vuelta 7 (7, 9): t2pdj hasta el final de la vuelta. 4 (5, 5) pts. Cierre la parte superior como en el caso de la parte de la palma.

ACABAR LA PIEZA

Con B y C (*véase fotografía*), haga un bordado de abeja en las dos manoplas.

1 Borde el cuerpo de la abeja con punto de margarita. Saque la aguja hacia arriba desde el centro e introdúzcala hacia abajo por el mismo punto dejando una hebra suelta del tamaño que desee la puntada. Saque la aguja hacia arriba por el interior del otro extremo de la hebra. Cruce por encima de la puntada y meta la aguja hacia abajo por fuera de la puntada para asegurarla.

2 Borde las alas con punto raso: haga puntadas rectas (*véase pág. 137*) muy juntas por toda la forma.

3 Entreteja los hilos sueltos.

PATUCOS

(CONFECCIONE 2)

Use agujas de doble punta de 3,25 mm, monte 24 (26, 28) puntos y divídalos de manera uniforme entre 3 agujas. Una la labor para tejer en redondo con cuidado de no retorcerla. Coloque un marcador al principio de la vuelta.

Vueltas 1-10 (1-12, 1-14): punto inglés pd1.

Vueltas 11-13 (13-15, 15-17): pd.

Talón

Vuelta 14 (16, 18): pd12 (13, 14), dé la vuelta.

Vuelta 15 (17, 19): pr12 (13, 14), dé la vuelta.

Rep. vueltas 14 (16, 18) y 15 (17, 19) hasta la vuelta 19 (21, 23).

Vuelta 20 (22, 24): pd2, t2pdj, pd4 (5, 6), t2pdj, dé la vuelta. 22 (24, 26) pts.

Vuelta 21 (23, 25): pp, pr4 (5, 6), t2prj, dé la vuelta. 21 (23, 25) pts.

Vuelta 22 (24, 26): pp, pd4 (5, 6), t2pdj, dé la vuelta. 20 (22, 24) pts.

Vuelta 23 (25, 27): pp, pr4 (5, 6), t2prj, dé la vuelta. 19 (21, 23) pts.

Trabaje en redondo a partir de ahora.

Vuelta 24 (26, 28): pp, pd4 (5, 6), t2pdj, coja 3 pts en la parte inferior del talón, pd12 (13, 14). 21 (23, 25) pts.

Vuelta 25 (27, 29): coja 3 pts en la parte superior del talón, pd21 (23, 25). 24 (26, 28) pts.

Vueltas 26-40 (28-46, 30-52): pd.

Cierre la parte de los dedos

Vuelta 41 (47, 53): t2pdj hasta el final de la vuelta. 12 (13, 14) pts.

Vuelta 42 (48, 54): pd.

Vuelta 43 (49, 55): t2pdj hasta el final de la vuelta (si al final de la vuelta solo le queda un punto, téjalo). 6 (7, 7) pts.

Cierre la parte superior como en el caso de la mano.

conejito amoroso

Este gorrito blanco con las clásicas orejas de conejo hará las delicias de cualquier niño. En el conjunto se usan puntos de ganchillo básicos para las bonitas flores que adornan el gorro y las manoplas.

GORRO Y MANOPLAS
NIVEL: principiante
TALLAS
6-12 meses (12-24 meses, 2-3 años)
Medidas de la prenda acabada
De «mejilla a mejilla» alrededor del gorro:
36 (37, 38) cm
Circunferencia de las manoplas:
13,75 (15, 16,25) cm
Longitud de las manoplas:
14 (16,5, 18) cm
MATERIALES
GORRO
Hilo principal:
Color A: 1 ovillo de 85 g (123 m) de hilo Lion Brand Jiffy, 100 % acrílico, blanco
Cantidades pequeñas:
Color B: hilo Lion Brand Jiffy, 100 % acrílico, rosa claro
Color C: hilo Lion Brand Jiffy, 100 % acrílico, rosa fucsia
Color D: hilo Lion Brand Jiffy, 100 % acrílico, verde manzana
Color E: hilo Lion Brand Jiffy, 100 % acrílico, color amarillo
Agujas:
• 1 par de agujas de 3,25 mm
• Agujas circulares de 3,25 mm
• 4 agujas de doble punta
• Marcador de puntos
• Aguja de ganchillo de 2,75 mm
• Aguja de coser
MANOPLAS
Hilo:
Color A: 1 ovillo de 85 g (123 m) de hilo Lion Brand Jiffy, 100 % acrílico, blanco
Color B: hilo Lion Brand Jiffy, 100 % acrílico, rosa claro (una cantidad pequeña)
Agujas:
• 4 agujas de 2 mm de doble punta
• 4 agujas de 3,25 mm de doble punta
• Aguja de coser
TENSIÓN
16 pts y 25 vueltas = cuadrado de 10 cm en punto de media con agujas de 3,25 mm
19 pts y 28 vueltas = cuadrado de 10 cm en punto inglés pd1 pr1 con agujas de 3,25 mm

GORRO

Con un par de agujas de 3,25 mm y A, monte 57 (61, 65) pts.
Vueltas 1-6 (6, 6): punto inglés pd1, pr1.
Vueltas 7-30 (30, 32): haga punto de media empezando con una vuelta de pd.
Vuelta 31 (31, 33): pd18 (19, 21), t2pdj, pd17 (19, 19), t2pdj, dé la vuelta. 55 (59, 63) pts.
Vuelta 32 (32, 24): pp, pr17 (19, 19), t2prj, dé la vuelta. 54 (58, 62) pts.
Vuelta 33 (33, 35): pp, pd17 (19, 19), t2pdj, dé la vuelta. 53 (57, 61) pts.
Rep. vueltas 32 (32, 34) y 33 (33, 35) hasta vuelta 54 (56, 62). 32 (34, 34) pts.
Vuelta 55 (57, 63): pp, *pr1, pd1* rep. desde * hasta * 8 (9, 9) veces, pr1, t2pdj, dé la vuelta. 31 (33, 33) pts.
Vuelta 56 (58, 64): pp, *pd1, pr1* rep. desde * hasta * 8 (9, 9) veces, pd1, t2prj, dé la vuelta. 30 (32, 32) pts.
Rep vueltas 55 (57, 63) y 56 (68, 64) hasta vuelta 66 (68, 74). 20 (22, 22) pts.

Cuello

Cambie a agujas circulares de 3,25 mm. Coloque un marcador al principio de la vuelta.
Vuelta 67 (69, 75): pp, *pr1, pd1* rep. desde * hasta * 8 (9, 9) veces, pr1, t2pdj, coja 13 (12, 12) pts. en un lado del gorro, monte 7 (7, 7) pts., una para trabajar en redondo teniendo cuidado de no retorcer la labor, coja 13 (12, 12) pts. en el otro lado del gorro. 52 (52, 52) pts.

El detalle de la flor en la parte superior se puede tejer en distintos colores que sean también apropiados para niños.

Vueltas 68-77 (70-81, 76-89): punto inglés pd1, pr1, 52 (52, 52) pts. Una la labor para trabajar en redondo con cuidado de no retorcerla.

Vuelta 78 (82, 90): pd1 (3, 3), *ph, pd2, ph, pd11* rep. desde * hasta * 3 veces, ph, pd2, ph, pd9 (8, 8). 60 (60, 60) pts.

Vuelta 79 (83, 91): pd3 (4, 4), *ph, pd2, ph, pd13* rep. desde * hasta * 3 veces, ph, pd2, ph, pd10 (9, 9). 68 (68, 68) pts.

Vuelta 80 (84, 92): pd4 (5, 5), ph, pd2, ph, pd15 (15, 15), ph, pd2, ph, pd15 (15, 15), ph, pd2, ph, pd15 (15, 15) ph, pd2, ph, pd11 (10, 10), 76 (76, 76) pts.

Vuelta 81 (85, 93): pd5 (6, 6), ph, pd2, ph, pd17 (17, 17), ph, pd2, ph, pd17 (17, 17), ph, pd2, ph, pd17 (17, 17) ph, pd2, ph, pd12 (11, 11). 84 (84, 84) pts.

Vuelta 82 (86, 94): pd6 (7, 7), ph, pd2, ph, pd19 (19, 19), ph, pd2, ph, pd19 (19, 19), ph, pd2, ph, pd19 (19, 19) ph, pd2, ph, pd13 (12, 12). 92 (92, 92) pts.

Vuelta 83 (87, 95): pd7 (8, 8), ph, pd2, ph, pd21 (21, 21), ph, pd2, ph, pd21 (21, 21), ph, pd2, ph, pd21 (21, 21) ph, pd2, ph, pd14 (13, 13). 100 (100, 100) pts.

Vuelta (88, 96) (solo las dos tallas más grandes): pd (9, 9), ph, pd2, ph, pd (23, 23), ph, pd2, ph, pd (23, 23), ph, pd2, ph, pd (23, 23) ph, pd2, ph, pd (14, 14). (108, 108) pts.

Vuelta (89, 97) (solo las dos tallas más grandes): pd (10, 10), ph, pd2, ph, pd (25, 25), ph, pd2, ph, pd (25, 25), ph, pd2, ph, pd (25, 25), ph, pd2, ph, pd (15, 15). (116, 116) pts.

Vuelta (98) (solo la talla más grande): pd (11), ph, pd2, ph, pd (27), ph, pd2, ph, pd (27), ph, pd2, ph, pd (27) ph, pd2, ph, pd (16). (124) pts.

Vuelta (99) (solo la talla más grande): pd (12), ph, pd2, ph, pd (29), ph, pd2, ph, pd (29), ph, pd2, ph, pd (29) ph, pd2, ph, pd (17). (132) pts.

Vueltas 84-89 (90-95, 100-105) (todas las tallas): punto inglés pd1, pr1.
Remate y entreteja los hilos.

Orejas (confeccione 2)

Con un par de agujas de 3,25 mm y el hilo A, monte 18 pts. dejando un trozo de 20 cm para luego coserlo en su sitio. Una la labor en redondo con cuidado de no retorcerla. Coloque un marcador al comienzo de la vuelta.

Vueltas 1-20: pd.
Vuelta 21: t2pdj hasta el final de la vuelta. 9 pts.
Vuelta 22: pd.
Vuelta 23: pd.
Vuelta 24: pd1, t2pdj al final de la vuelta. 5 pts. Deje un trozo de hilo lo bastante largo como para entretejerlo. Pase el hilo por los 5 puntos y quítelos de las agujas. Tire del hilo con firmeza y asegúrelo.

Interior de las orejas (confeccione 2)

Con un par de agujas de 3,25 mm y B, monte 4 pts. dejando un trozo de hilo de 20 cm para luego coser las orejas.

Vueltas 1-12: punto bobo.
Vuelta 13: t2pdj 2 veces, 2 pts.
Acabe como en el caso de las orejas.

ACABAR LA PIEZA

1 Cosa el interior de las orejas a la parte exterior con una costura invisible. Entreteja los hilos sueltos.
2 Doble por la mitad la base de la oreja y cósala al gorro.
3 Entreteja los hilos sueltos.

Flor (confeccione 1 para el gorro y dos para las manoplas)

Pétalos (confeccione 3)

Con C: c5. Una con pra para formar un aro.
Vuelta 1: 10pb en el aro, pra encima del primer pb.
Vuelta 2: cree un pequeño pétalo en los primeros pb usando el siguiente patrón (pra, 3pa, pra). Continúe creando un pétalo en pras alternos con el mismo patrón (5 pétalos en total). Pra para unir con primer pb del primer pétalo. Remate.

Centro de flor (confeccione 3)

Con E, c3. Una con pra para formar un aro.
Vuelta 1: 10pb en el aro, pra encima del primer pb. Remate.

Hojas (confeccione 6: 2 para el gorro y 4 para las manoplas)

Con D, c10, 1pra en 2.ª c desde la posición de la aguja de ganchillo, 1pb en 3.ª c desde aguja, 1pn en 4.ª c desde aguja, 1mpa en 5.ª c desde aguja, 1mpa en 6.ª c desde aguja, 1pa en 7.ª c desde aguja, 1pa en 8.ª c desde aguja, c2, pra en 1.ª c. Remate.

ACABAR LA PIEZA

1 Cosa el centro de la flor a las hojas.
2 Cosa las hojas a la flor.

Las alegres orejas sobresalen de la parte superior del gorro.

MANOPLAS

(CONFECCIONE 2)

Puño

Use agujas de doble punta de 2 mm y B, monte 22 (24, 26) pts y divídalos de manera uniforme entre 3 agujas. Una la labor para tejer en redondo con cuidado de no retorcerla. Coloque un marcador al comienzo de la vuelta.

Vueltas 1-10 (1-10, 1-10): pd.

Cambie a A.

Vueltas 11-16 (11-16, 11-16): punto inglés pd1, pr1.

Escudete del pulgar

Cambie a agujas de doble punta de 3,25 mm para hacer el resto de la manopla.

Vuelta 1: aum1iz, pd hasta final de vuelta. 23 (25, 27) pts.

Vuelta 2: pd.

Vuelta 3: aum1iz, pd1, aum1d, pd hasta final de la vuelta. 25 (27, 29) pts.

Vuelta 4: pd.

Vuelta 5: aum1iz, pd3, aum1d, pd hasta final de la vuelta. 27 (29, 31) pts.

Vuelta 6: pd.

Vuelta 7: aum1iz, pd5, aum1d, pd hasta final de la vuelta. 29 (31, 33) pts.

Vuelta 8: pd.

Vuelta (9, 9) (solo las dos tallas más grandes): aum1iz, pd7, aum1d, pd hasta final de la vuelta. (33, 35) pts.

Vuelta 9 (10, 10): pd1, deje en espera 7 (9, 9) pts del pulgar empleando una hebra de hilo sobrante y vuelva a unir para hacer los puntos de la mano en redondo, pd21 (23, 25). 22 (24, 26) pts.

Vueltas 10-22 (11-26, 11-28): pd.

Cierre la parte superior

Vuelta 23 (27, 29): t2pdj hasta acabar la vuelta. 11 (12, 13) pts.

Vuelta 24 (28, 30): pd.

Vuelta 25 (29, 31): t2pdj hasta el final de la vuelta. (Si al llegar al final de la vuelta le queda un punto, téjalo.) 6 (6, 7) pts.

Acabe la pieza como en el caso de las orejas del gorro.

Pulgar

Pase los 7 (9, 9) puntos que dejó en espera a unas agujas de doble punta de 3,25 mm. Vuelva a unir la labor y coja un punto adicional en la esquina donde la mano se encuentra con el escudete. Coloque un marcador al comienzo de la vuelta. 8 (10, 10) pts.

Vueltas 1-6 (1-6, 1-8): pd.

Vuelta 7 (9, 9): t2pdj hasta el final de la vuelta. 4 (5, 5) pts.

Acabe la pieza como en el caso de las orejas del gorro.

ACABAR LA PIEZA

1 Cosa las flores al gorro y a las manoplas.

2 Entreteja los hilos sueltos.

Los adornos de la flor se repiten en las manoplas. Los puños de las manoplas hacen juego con la parte interior de las orejas del gorro.

osito benjamín

Este precioso gorro de osito benjamín, de un clásico tono marrón claro, tiene unas orejitas adorables y un detalle de ocho en el centro del gorro y de las manoplas.

GORRO Y MANOPLAS
NIVEL: intermedio
TALLAS
6-12 meses (12-24 meses, 2-3 años)
Medidas de la prenda acabada
De «mejilla a mejilla» alrededor del gorro:
36 (37, 38) cm
Circunferencia de las manoplas:
13,75 (15, 16,25) cm
Longitud de las manoplas:
14 (16,5, 18) cm
MATERIALES
GORRO
Hilo:
1 ovillo de 85 g (123 m) de hilo Lion Brand Jiffy,
100 % acrílico, de color beis (Camel)
Agujas:
• 1 par de agujas de 3,25 mm
• Agujas circulares de 3,25 mm
• Aguja auxiliar
• Marcador de puntos
• Aguja de coser
MANOPLAS
Hilo:
1 ovillo de 85 g (123 m) de hilo Lion Brand Jiffy,
100 % acrílico, de color beis (Camel)
Agujas:
• 4 agujas de 2 mm de doble punta
• 4 agujas de 3,25 mm de doble punta
• Aguja auxiliar
• Aguja de coser
TENSIÓN
16 pts y 25 vueltas = cuadrado de 10 cm en punto
de media con agujas de 3,25 mm
19 pts y 28 vueltas = cuadrado de 10 cm en punto
inglés pd1 pr1 con agujas de 3,25 mm

GORRO

Con un par de agujas de 3,25 mm, monte 58 (62, 66) pts.

Vueltas 1-6 (1-6, 1-8): punto inglés pd2, pr2, comenzando con pr2 (pd2, pr2).

Vuelta 7 (7, 9): pd24 (26, 28), pr2, pase los siguientes 2 pts a la aaux y colóquela delante de la labor, pd2, pd2 de la aaux, pd2, pr2, pd24 (26, 28). 58 (62, 66) pts.

Vuelta 8 (8, 10): pr24 (26, 28), pd2, pr6, pd2, pr24 (26, 28). 58 (62, 66) pts.

Vuelta 9 (9, 11): pd24 (26, 28), pr2, pd2, pase los siguientes 2 pts a la aaux y colóquela detrás de la labor, pd2, pd2 de la aaux, pr2, pd24 (26, 28). 58 (62, 66) pts.

Vuelta 10 (10, 12): pr24 (26, 28), pd2, pr6, pd2, pr24 (26, 28). 58 (62, 66) pts.

Vuelta 11 (11, 13): pd24 (26, 28), pr2, pase los siguientes 2 pts a la aaux y colóquela delante de la labor, pd2, pd2 de la aaux, pd2 pr2, pd24 (26, 28). 58 (62, 66) pts.

Vuelta 12 (12, 14): pr24 (26, 28), pd2, pr6, pd2, pr24 (26, 28). 58 (62, 66) pts.

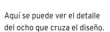
Aquí se puede ver el detalle del ocho que cruza el diseño.

Vuelta 13 (13, 15): pd24 (26, 28), pr2, pd2, pase los siguientes 2 pts a la aaux y colóquela detrás de la labor, pd2, pd2 de la aaux, pr2, pd24 (26, 28). 58 (62, 66) pts.

Vuelta 14 (14, 16): pr24 (26, 28), pd2, pr6, pd2, pr24 (26, 28). 58 (62, 66) pts.

Vuelta 15 (15, 17): pd24 (26, 28), pr2, pase los siguientes 2 pts a la aaux y colóquela delante de la labor, pd2, pd2 de la aaux, pd2, pr2, pd24 (26, 28). 58 (62, 66) pts.

Vuelta 16 (16, 18): pr24 (26, 28), pd2, pr6, pd2, pr24 (26, 28). 58 (62, 66) pts.

Vuelta 17 (17, 19): pd24 (26, 28), pr2, pd2, pase los siguientes 2 pts a la aaux y colóquela detrás de la labor, pd2, pd2 de la aaux, pr2, pd24 (26, 28). 58 (62, 66) pts.

Vuelta 18 (18, 20): pr24 (26, 28), pd2, pr6, pd2, pr24 (26, 28). 58 (62, 66) pts.

Vuelta 19 (19, 21): pd24 (26, 28), pr2, pase los siguientes 2 pts a la aaux y colóquela delante de la labor, pd2, pd2 desde la aaux, pd2, pr2, pd24 (26, 28). 58 (62, 66) pts.

Vuelta 20 (20, 22): pr24 (26, 28), pd2, pr6, pd2, pr24 (26, 28). 58 (62, 66) pts.

Vuelta 21 (22, 24): pd24 (26, 28), pr2, pd2, pase los siguientes 2 pts a la aaux y colóquela detrás de la labor, pd2, pd2 de la aaux, pr2, pd24 (26, 28). 58 (62, 66) pts.

Vuelta 22 (22, 24): pr24 (26, 28), pd2, pr6, pd2, pr24 (26, 28). 58 (62, 66) pts.

Vuelta 23 (23,25): pd24 (26, 28), pr2, pase los siguientes 2 pts a la aaux y colóquela delante de la labor, pd2, pd2 de la aaux, pd2, pr2, pd24 (26, 28). 58 (62, 66) pts.

Vuelta 24 (24, 26): pr24 (26, 28), pd2, pr6, pd2, pr24 (26, 28). 58 (62, 66) pts.

Vuelta 25 (25, 27): pd24 (26, 28), pr2, pd2, pase los siguientes 2 pts a la aaux y colóquela detrás de la labor, pd2, pd2 de la aaux, pr2, pd24 (26, 28). 58 (62, 66) pts.

Vuelta 26 (26, 28): pr24 (26, 28), pd2, pr6, pd2, pr24 (26, 28). 58 (62, 66) pts.

Vuelta 27 (27, 29): pd24 (26, 28), pr2, pase los siguientes 2 pts a la aaux y colóquela delante de la labor, pd2, pd2 de la aaux, pd2, pr2, pd24 (26, 28). 58 (62, 66) pts.

Vuelta 28 (28, 30): pr24 (26, 28), pd2, pr6, pd2, pr24 (26, 28). 58 (62, 66) pts.

Vuelta 29 (29, 31): pd24 (26, 28), pr2, pd2, pase los siguientes 2 pts a la aaux y colóquela detrás de la labor, pd2, pd2 de la aaux, pd2, pr2, pd24 (26, 28). 58 (62, 66) pts.

Vuelta 30 (30, 32): pr24 (26, 28), pd2, pr6, pd2, pr24 (26, 28). 58 (62, 66) pts.

Vuelta 31 (31, 33): pd18 (19, 21), t2pdj, pd4 (5, 5), pr2, pase los siguientes 2 pts a la aaux y colóquela delante de la labor, pd2, pd2 de la aaux, pd2, pr2, pd4 (5, 5), t2pdj, dé la vuelta. 56 (60, 64) pts.

Esta labor es bastante similar a la del osito de miel y resulta ideal para realizarla una vez que se dominen las técnicas de nivel inicial.

Vuelta 32 (32, 34): pp, pr4 (5, 5), pd2, pr6, pd2, pr4 (5, 5), t2prj, dé la vuelta. 55 (59, 63) pts.

Vuelta 33 (33, 35): pp, pd4 (5, 5), pr2, pd2, pase los siguientes 2 pts a la aaux y colóquela detrás de la labor, pd2, pd2 de la aaux, pr2, pd4 (5, 5), t2pdj, dé la vuelta. 54 (58, 62) pts.

Vuelta 34 (34, 36): pp, pr4 (5, 5), pd2, pr6, pd2, pr4 (5, 5), t2prj, dé la vuelta. 53 (57, 61) pts.

Vuelta 35 (35, 37): pp, pd4 (5, 5), pr2, pase los siguientes 2 pts a la aaux y colóquela delante de la labor, pd2, pd2 de la aaux, pd2, pr2, pd4 (5, 5), t2pdj, dé la vuelta. 52 (56, 60) pts.

Vuelta 36 (36, 38): pp, pr4 (5, 5), pd2, pr6, pd2, pr4 (5, 5), t2prj, dé la vuelta. 51 (55, 69) pts.

Vuelta 37 (37, 39): pp, pd4 (5, 5), pr2, pd2, pase los siguientes 2 pts a la aaux y colóquela detrás de la labor, pd2, pd2 de la aaux, pr2, pd4 (5, 5), t2pdj, dé la vuelta. 50 (54, 58) pts.

Vuelta 38 (38, 40): pp, pr4 (5, 5), pd2, pr6, pd2, pr4 (5, 5), t2prj, dé la vuelta. 49 (53, 57) pts.

Vuelta 39 (39, 41): pp, pd4 (5, 5), pr2, pase los siguientes 2 pts a la aaux y colóquela delante de la labor, pd2, pd2 de la aaux, pd2, pr2, pd4 (5, 5), t2pdj, dé la vuelta. 48 52, 56) pts.

Vuelta 40 (40, 42): pp, pr4 (5, 5), pd2, pr6, pd2, pr4 (5, 5), t2prj, dé la vuelta. 47 (51, 55) pts.

Vuelta 41 (41, 43): pp, pd4 (5, 5), pr2, pd2, pase los siguientes 2 pts a la aaux y colóquela detrás de la labor, pd2, pd2 de la aaux, pr2, pd4 (5, 5), t2pdj, dé la vuelta. 46 (50, 54) pts.

Vuelta 42 (42, 44): pp, pr4 (5, 5), pd2, pr6, pd2, pr4 (5, 5), t2prj, dé la vuelta. 45 (49, 53) pts.

Vuelta 43 (43, 45): pp, pd4 (5, 5), pr2, pase los siguientes 2 pts a la aaux y colóquela delante de la labor, pd2, pd2 de la aaux, pr2, pd4 (5, 5), t2pdj, dé la vuelta. 44 (48, 52) pts.

Vuelta 44 (44, 46): pp, pr4 (5, 5), pd2, pr6, pd2, pr4 (5, 5), t2prj, dé la vuelta. 43 (47, 51) pts.

Primer plano de la oreja del osito benjamín.

Vuelta 45 (45, 47): pp, pd4 (5, 5), pr2, pd2, pase los siguientes 2 pts a la aaux y colóquela detrás de la labor, pd2, pd2 de la aaux, pr2, pd4 (5, 5), t2pdj, dé la vuelta. 42 (46, 50) pts.

Vuelta 46 (46, 48): pp, pr4 (5, 5), pd2, pr6, pd2, pr4 (5, 5), t2prj, dé la vuelta. 41 (45, 49) pts.

Vuelta 47 (47, 49): pp, pd4 (5, 5), pr2, pase los siguientes 2 pts a la aaux y colóquela delante de la labor, pd2, pd2 de la aaux, pd2, pr2, pd4 (5, 5), t2pdj, dé la vuelta. 40 (44, 48) pts.

Vuelta 48 (48, 50): pp, pr4 (5, 5), pd2, pr6, pd2, pr4 (5, 5), t2prj, dé la vuelta. 39 (43, 47) pts.

Vuelta 49 (49, 51): pp, pd4 (5, 5), pr2, pd2, pase los siguientes 2 pts a la aaux y colóquela detrás de la labor, pd2, pd2 desde la aaux, pr2, pd4 (5, 5), t2pdj, dé la vuelta. 38 (42, 46) pts.

Vuelta 50 (50, 52): pp, pr4 (5, 5), pd2, pr6, pd2, pr4 (5, 5), t2prj, dé la vuelta. 37 (41, 45) pts.

Vuelta 51 (51, 53): pp, pd4 (5, 5), pr2, pase los siguientes 2 pts a la aaux y colóquela delante de la labor, pd2, pd2 de la aaux, pr2, pd4 (5, 5), t2pdj, dé la vuelta. 36 (40, 44) pts.

Vuelta 52 (52, 54): pp, pr4 (5, 5), pd2, pr6, pd2, pr4 (5, 5), t2prj, dé la vuelta. 35 (39, 43) pts.

Vuelta 53 (53, 55): pp, pd4 (5, 5), pr2, pd2, pase los siguientes 2 pts a la aaux y colóquela detrás de la labor, pd2, pd2 de la aaux, pr2, pd4 (5, 5), t2pdj, dé la vuelta. 34 (38, 42) pts.

Vuelta 54 (54, 56): pp, pr4 (5, 5), pd2, pr6, pd2, pr4 (5, 5), t2prj, dé la vuelta. 33 (37, 41) pts.

Vuelta (55, 57) (solo las dos tallas más grandes): pp, pd (5, 5), pr2, pase los siguientes 2 pts a la aaux y colóquela delante de la labor, pd2, pd2 desde la aaux, pd2, pr2, pd (5, 5), t2pdj, dé la vuelta. (36, 40) pts.

Vuelta (56, 58) (solo las dos tallas más grandes): pp, pr (5, 5), pd2, pr6, pd2, pr (5, 5), t2prj, dé la vuelta. (35, 39) pts.

Vuelta (59) (solo la talla más grande): pp, pd (5), pr2, pd2, pase los siguientes 2 pts a la aaux y colóquela detrás de la labor, pd2, pd2 de la aaux, pr2, pd (5), t2pdj, dé la vuelta. (38) pts.

Vuelta (60) (solo la talla más grande): pp, pr (5), pd2, pr6, pd2, pr (5), t2prj, dé la vuelta. (37) pts.

Vuelta (61) (solo la talla más grande): pp, pd (5), pr2, pase los siguientes 2 pts a la aaux y colóquela delante de la labor, pd2, pd2 de la aaux, pr2, pd (5), t2pdj, dé la vuelta. (36) pts.

Vuelta (62) (solo la talla más grande): pp, pr (5), pd2, pr6, pd2, pr (5), t2prj, dé la vuelta. (35) pts.

Vuelta 55 (57, 63) (todas las tallas): pp, pr1, t2pdj, *pr1, pd1* rep desde * hasta * 7 (8, 8) veces, pr1, t2pdj, dé la vuelta 31 (33, 33) pts.

Vuelta 56 (58, 64): pp, *pd1, pr1*, rep. desde * hasta * 8 (9, 9) veces, pd1, t2prj, dé la vuelta. 30 (32, 32) pts.

Vuelta 57 (59, 65): pp, *pr1, pd1*, rep. desde * hasta * 8 (9, 9) veces, pr1, t2pdj, dé la vuelta. 29 (31, 31) pts.

Vuelta 58 (60, 66): pp, *pd1, pr1*, rep. desde * hasta * 8 (9, 9) veces, pd1, t2prj, dé la vuelta. 28 (30, 30) pts.

Rep. vueltas 57 (59, 65) y 58 (60, 66) hasta vuelta 66 (68, 74). 20 (22, 22) pts.

Cuello

Cambie a agujas circulares de 3,25 mm. Coloque un marcador al principio de la vuelta.

Vuelta 67 (69, 75): pp, *pr1, pd1*, rep. desde * hasta * 8 (9, 9) veces, pr1, t2pdj, coja 13 (12, 12) pts. en un lado del gorro, monte 7 (7, 7) pts, una labor para tejer en redondo con cuidado de no retorcerla, coja 13 (12, 12) pts en el otro lado del gorro. 52 (52, 52) pts.

Vuelta 68-77 (70-81, 76-89): punto inglés pd1, pr1.

Vuelta 78 (82, 90): pd2 (3, 3), ph, pd2, ph, pd11 (11, 11), ph, pd2, ph, pd11 (11, 11), ph, pd2, ph, pd11 (11, 11), ph, pd2, ph, pd9 (8, 8). 60 (60, 60) pts.

Vuelta 79 (83, 91): pd3 (4, 4), ph, pd2, ph, pd13 (13, 13), ph, pd2, ph, pd13 (13, 13), ph, pd2, ph, pd13 (13, 13), ph, pd2, ph, pd10 (9, 9). 68 (68, 68) pts.

Vuelta 80 (84, 92): pd4 (5, 5), ph, pd2, ph, pd15 (15, 15), ph, pd2, ph, pd15 (15, 15), ph, pd2, ph, pd15 (15, 15), ph, pd2, ph, pd11 (10, 10). 76 (76, 76) pts.

Vuelta 81 (85, 93): pd5 (6, 6), ph, pd2, ph, pd17 (17, 17), ph, pd2, ph, pd17 (17, 17), ph, pd2, ph, pd17 (17, 17), ph, pd2, ph, pd12 (11, 11). 84 (84, 84) pts.

Vuelta 82 (86, 94): pd6 (7, 7), ph, pd2, ph, pd19 (19, 19), ph, pd2, ph, pd19 (19, 19), ph, pd2, ph, pd19 (19, 19), ph, pd2, ph, pd13 (12, 12). 92 (92, 92) pts.

Vuelta 83 (86, 94): pd7 (8, 8), ph, pd2, ph, pd21 (21, 21), ph, pd2, ph, pd21 (21, 21), ph, pd2, ph, pd21 (21, 21), ph, pd2, ph, pd14 (13, 13). 100 (100, 100) pts.

Vuelta (88, 96) (solo las dos tallas más grandes): pd (9, 9), ph, pd2, ph, pd (23, 23), ph, pd2, ph, pd (23, 23), ph, pd2, ph, pd (23, 23), ph, pd2, ph, pd (14, 14). (108, 108) pts.

Vuelta (89, 97) (solo las dos tallas más grandes): pd (10, 10), ph, pd2, ph, pd (25, 25), ph, pd2, ph, pd (25, 25), ph, pd2, ph, pd (25, 25), ph, pd2, ph, pd (15, 15). (116, 116) pts.

Vuelta (98) (solo la talla más grande): pd (11), ph, pd2, ph, pd (27), ph, pd2, ph, pd (27), ph, pd2, ph, pd (27), ph, pd2, ph, pd (16). (124) pts.

Vuelta (99) (solo la talla más grande): pd (12), ph, pd2, ph, pd (29), ph, pd2, ph, pd (29), ph, pd2, ph, pd (29), ph, pd2, ph, pd (17). (132) pts.

Vueltas 84-89 (90-95, 100-107) (todas las tallas): punto inglés pd2, pr2.

Remate y entreteja los hilos sueltos.

Orejas (confeccione 2)

Con un par de agujas de 3,25 mm, monte 25 pts. dejando un trozo de hilo de 20 cm para luego coser las orejas en su sitio.

Vueltas 1-5: punto inglés pd1, pr1.

Deje un trozo de hilo lo bastante largo como para entretejerlo. Páselo por los 25 puntos y sáquelos de la aguja. Tire con firmeza del hilo y asegúrelo. Haga un nudo fuerte.

ACABAR LA PIEZA

1 Cosa las orejas al gorro en la posición que se muestra con costura invisible.

2 Entreteja los hilos sueltos.

MANOPLAS

Puño de la manopla izquierda

Use agujas de doble punta de 2 mm, monte 24 (28, 28) pts y divídalos de manera uniforme entre 3 agujas. Una la labor para tejer en redondo con cuidado de no retorcerla. Coloque un marcador al principio de la vuelta.

Vueltas 1-10 (1-12, 1-14): punto inglés pd2, pr2.

Escudete del pulgar

Con agujas de 3,25 mm de doble punta, haga el resto de la manopla.

Vuelta 1: aum1d, pd2 (3, 3), pr1, pd6, pd13 (16, 16). 25 (29, 29) pts.

Vuelta 2: pd4 (5, 5), pr1, pd6, pr1, pd13 (16, 16).

Vuelta 3: aum1d, pd1, aum1iz, pd1 (2, 2), pr1, pp siguientes 2 pts a aaux y sujetarla por delante de la labor, pd2, pd2 de aaux, pd2, pr1, pd13 (16, 16). 27 (31, 31 pts).

Vuelta 4: pd6 (7, 7), pr1, pd6, pr1, pd13 (16, 16).

Vuelta 5: aum1d, pd3, aum1iz, pd1 (2, 2), pr1, pd2, pp siguientes 2 pts a aaux y sujetarla por detrás de la labor, pd2, pd2 de aaux, pr1, pd13 (16, 16). 29 (33, 33 pts).

Vuelta 6: pd8 (9, 9), pr1, pd6, pr1, pd13 (16, 16).

Vuelta 7: aum1d, pd5, aum1iz, pd1 (2, 2), pr1, pp siguientes 2 pts a aaux y sujetarla por delante de la labor, pd2, pd2 de aaux, pd2, pr1, pd13 (16, 16). 31 (35, 35 pts).

Vuelta 8: pd10 (11, 11), pr1, pd6, pr1, pd13 (16, 16).

Vuelta 9: aum1d, pd7, aum1iz, pd1 (2, 2), pr1, pp siguientes 2 pts a aaux y sujetarla por delante de la labor, pd2, pd2 de aaux, pr1, pd13 (16, 16). 33 (37, 37 pts).

Vuelta 10: pd1, deje en espera 9 (9, 9) puntos del pulgar empleando una hebra de hilo sobrante y vuelva a unir la labor para hacer los puntos de la mano en redondo, pd2 (3, 3), pr1, pd6, pr1, pd13 (16, 16). 24 (28, 28) pts.

Vuelta 11: pd3 (4, 4), pr1, pp siguientes 2 pts a aaux y sujétela por delante de la labor, pd2, pd2 en la aaux, pd2, pr1, pd13 (16, 16).

Vuelta 12: pd3 (4, 4), pr1, pd6, pr1, pd13 (16, 16).

Vuelta 13: pd3 (4, 4), pr1, pd2, pp siguientes 2 pts a aaux y sujétela por detrás de la labor, pd2, pd2 de aaux, pr1, pd13 (16, 16).

Vuelta 14: pd3 (4, 4), pr1, pd6, pr1, pd13 (16, 16).

Vuelta 15: pd3 (4, 4), pr1, pp siguientes 2 pts a aaux y sujétela por delante de la labor, pd2, pd2 de aaux, pd2, pr1, pd13 (16, 16).

Vuelta 16: pd3 (4, 4), pr1, pd6, pr1, pd13 (16, 16).

Vuelta 17: pd3 (4, 4), pr1, pd2, pp siguientes 2 pts a aaux y sujétela por detrás de la labor, pd2, pd2 de aaux, pr1, pd13 (16, 16).

Vuelta 18: pd3 (4, 4), pr1, pd6, pr1, pd13 (16, 16).

El patrón del ocho se repite en la parte posterior de las manoplas.

Vuelta 19: pd3 (4, 4), pr1, pp siguientes 2 pts a aaux y sujétela por delante de la labor, pd2, pd2 de aaux, pd2, pr1, pd13 (16, 16).

Vuelta 20: pd3 (4, 4), pr1, pd6, pr1, pd13 (16, 16).

Vuelta 21: pd3 (4, 4), pr1, pd2, pp siguientes 2 pts a aaux y sujétela por detrás de la labor, pd2, pd2 de aaux, pr1, pd13 (16, 16).

Vuelta 22: pd3 (4, 4), pr1, pd6, pr1, pd13 (16, 16).

Vuelta (23, 23) (solo las dos tallas más grandes): pd (4, 4), pr1, pd2, pp siguientes 2 pts a aaux y sujétela por delante de la labor, pd2, pd2 de aaux, pd2, pr1, pd (16, 16).

Vuelta (24, 24) (solo las dos tallas más grandes): pd (4, 4), pr1, pd6, pr1, pd (16, 16).

Vuelta (25, 25) (solo las dos tallas más grandes): pd (4, 4), pr1, pd2, pp siguientes 2 pts a aaux y sujétela por detrás de la labor, pd2, pd2 de aaux, pr1, pd (16, 16).

Vuelta (26) (solo la talla más grande): pd (4), pr1, pd6, pr1, pd (16).

Vuelta (27) (solo la talla más grande): pd (4), pr1, pp siguientes 2 pts a aaux y sujétela por delante de la labor, pd2, pd2 de aaux, pd2, pr1, pd (16).

Vuelta (28) (solo la talla más grande): pd (4), pr1, pd6, pr1, pd (16).

Cierre la parte de arriba.

Vuelta 23 (26, 29) (todas las tallas): t2pdj hasta el final de la vuelta. 12 (14, 14) pts.

Vuelta 24 (27, 30): pd.

Vuelta 25 (28, 31): t2pdj hasta el final de la vuelta (si llega al final de la vuelta y solo le queda un punto, téjalo). 6 (7, 7) pts.

Acabe la prenda como en el caso de las orejas del gorro.

Pulgar

Pase los 9 puntos que había dejado en espera a unas agujas de 3,25 mm de doble punta. Vuelva a unir el hilo y coja un punto adicional en la esquina donde la mano se encuentra con el escudete. Coloque un marcador al principio de la vuelta. 10 pts.

Vueltas 1-6 (1-6, 1-8): pd.

Vuelta 7 (7-9): t2pj hasta el final de la vuelta, 5 pts. Acabe la prenda como en el caso de las orejas del gorro.

Puño de la manopla derecha

Use unas agujas de 2 mm de doble punta, monte 24 (28, 28) pts y divídalos de manera uniforme entre 3 agujas. Una la labor para trabajar en redondo, con cuidado de no retorcerla. Coloque un marcador al principio de la vuelta.

Vueltas 1-10 (1-12, 1-14): punto inglés de pd2, pr2.

Escudete del pulgar

Cambie a unas agujas de 3,25 mm de doble punta para hacer el resto de la manopla.

Vuelta 1: pd13 (16, 16), pr1, pd6, pr1, pd2 (3, 3), aum1d. 25 (29, 29) pts.

Vuelta 2: pd13 (16, 16), pr1, pd6, pr1, pd4 (5, 5).

Vuelta 3: pd13 (16, 16), pr1, pd2, pp siguientes 2 pts a aux y sujétela por delante de la labor, pd2, pd2 de aaux, pr1, pd1 (2, 2) aum1d, pd1, aum1iz, 27 (31, 31) pts.

Vuelta 4: pd13 (16, 16), pr1, pd6, pr1, pd6 (7, 7).

Vuelta 5: pd13 (16, 16), pr1, pp siguientes 2 pts a aaux y sujétela por detrás de la labor, pd2, pd2 de aaux, pd2, pr1, pd1 (2, 2) aum1d, pd3, aum1iz. 29 (33, 33) pts.

Vuelta 6: pd13 (16, 16), pr1, pd6, pr1, pd8 (9, 9).

Vuelta 7: pd13 (16, 16), pr1, pd2, pp siguientes 2 pts a aaux y sujétela por delante de la labor, pd2, pd2 en aaux, pr1, pd1 (2, 2), aum1d, pd5, aum1iz. 31 (35, 35) pts.

Vuelta 8: pd13 (16, 16), pr1, pd6, pr1, pd10 (11, 11).

Vuelta 9: pd13 (16, 16), pr1, pp siguientes 2 pts a aaux y sujétela por detrás de la labor, pd2, pd2 de aaux, pd2, pr1, pd1 (2, 2), aum1d, pd7, aum1iz. 33 (37, 37) pts.

Vuelta 10: pd13 (16, 16), pr1, pd6, pr1, pd2 (3, 3), deje en espera 9 (9, 9) puntos del pulgar empleando una hebra de hilo sobrante y vuelva a unir la labor para tejer los puntos de la mano en redondo, pd1. 24 (28, 28) pts.

Vuelta 11: pd13 (16, 16), pr1, pd2, pp siguientes 2 pts a aaux y sujétela por delante de la labor, pd2, pd2 de aaux, pr1, pd3 (4, 4).

Vuelta 12: pd13 (16, 16), pr1, pd6, pr1, pd3 (4, 4).

Vuelta 13: pd13 (16, 16), pr1, pp siguientes 2 pts a aaux y sujétela por detrás de la labor, pd2, pr1, pd3 (4, 4).

Vuelta 14: pd13 (16, 16), pr1, pd6, pr1, pd3 (4, 4).

Vuelta 15: pd13 (16, 16), pr1, pd2, pp siguientes 2 pts a aaux y sujétela por delante de la labor, pd2, pd2 de aaux, pr1, pd3 (4, 4).

Vuelta 16: pd13 (16, 16), pr1, pd6, pr1, pd3 (4, 4).

Vuelta 17: pd13 (16, 16), pr1, pp siguientes 2 pts a aaux y sujétela por detrás de la labor, pd2, pd2 de aaux, pd2, pr1, pd3 (4, 4).

Vuelta 18: pd13 (16, 16), pr1, pd6, pr1, pd3 (4, 4).

Vuelta 19: pd13 (16, 16), pr1, pd2, pp siguientes 2 pts a aaux y sujétela por delante de la labor, pd2, pd2 en aaux, pr1, pd3 (4, 4).

Vuelta 20: pd13 (16, 16), pr1, pd6, pr1, pd3 (4, 4).

Vuelta 21: pd13 (16, 16), pr1, pp siguientes 2 pts a aaux y sujétela por detrás de la labor, pd2, pd2 de aaux, pd2, pr1, pd3 (4, 4).

Vuelta 22: pd13 (16, 16), pr1, pd6, pr1, pd3 (4, 4).

Vuelta (23, 23) (solo las dos tallas más grandes): pd (16, 16), pr1, pd2, pp siguientes 2 pts a aaux y sujétela por delante de la labor, pd2, pd2 de aaux, pr1, pd (4, 4).

Vuelta (24, 24) (solo las dos tallas más grandes): pd (16, 16), pr1, pd6, pr1, pd (4, 4).

Vuelta (25, 25) (solo las dos tallas más grandes): pd (16, 16), pr1, pp siguientes 2 pts a aaux y sujétela por detrás de la labor, pd2, pd2 de aaux, pd2, pr1, pd (4, 4).

Vuelta (26) (solo la talla más grande): pd (16), pr1, pd6, pr1, pd (4).

Vuelta (27) (solo la talla más grande): pd (16), pr1, pd2, pp siguientes 2 pts a aaux y sujétela por delante de la labor, pd2, pd2 de aaux, pr1, pd (4).

Vuelta (28) (solo la talla más grande): pd (16), pr1, pd6, pr1, pd (4).

Cierre la parte superior

Vuelta 23 (26, 29) (todas las tallas): t2pdj hasta el final de la vuelta. 12 (14, 14) pts.

Vuelta 24 (27, 30) (solo las dos tallas más grandes): pd.

Vuelta 25 (28, 31): t2pdj hasta el final de la vuelta. (Si llega hasta el final de la vuelta y solo le queda un punto, téjalo.) 6 (7, 7) pts.

Acabe la prenda como en el caso de las orejas del gorro.

Pulgar

Pase los 9 puntos que había dejado en espera en la hebra de hilo sobrante a unas agujas de doble punta de 3,25 mm. Vuelva a unir el hilo y coja un punto adicional en la esquina donde la mano se encuentra con el escudete. Coloque un marcador al principio de la vuelta. 10 pts.

Vueltas 1-6 (1-6, 1-8): pd.

Vueltas 7 (7, 9): t2pdj hasta el final de la vuelta. 5 pts. Acabe la prenda como en el caso de las orejas del gorro.

pequeño cerdito

Este conjunto de cerdito rosa tiene una gran personalidad. El hocico del animal se consigue con una sencilla espiral de ganchillo, y a las manoplas se les ha dado la forma de manitas de cerdo.

GORRO, MANOPLAS Y PATUCOS
NIVEL: intermedio
TALLAS
6-12 meses (12-24 meses, 2-3 años)
Medidas de la prenda acabada
De «mejilla a mejilla» alrededor del gorro:
36 (37, 38) cm
Circunferencia de las manoplas:
13,75 (15, 16,25) cm
Longitud de las manoplas:
14 (16,5, 18) cm
MATERIALES
GORRO
Hilo:
Color A: 1 ovillo de 85 g (123 m) de hilo Lion Brand Jiffy, 100 % acrílico, rosa claro
Cantidades pequeñas:
Color B: hilo Lion Brand Jiffy, 100 % acrílico, rosa Blossom
Color C: hilo Lion Brand Jiffy, 100 % acrílico, rosa Dusty Pink
Color D: hilo Lion Brand Jiffy, 100 % acrílico, gris oscuro (Dark Grey Heather)
Agujas:
• 1 par de agujas de 3,25 mm
• Agujas circulares de 3,25 mm
• 4 agujas de doble punta de 3,25 mm
• Marcador de puntos
• Aguja de ganchillo de 2,75 mm
• Aguja de coser
MANOPLAS
Hilo:
1 ovillo de 85 g (123 m) de hilo Lion Brand Jiffy, 100 % acrílico, rosa claro
Agujas:
• 4 agujas de 2 mm de doble punta
• 4 agujas de 3,25 mm de doble punta
• Aguja de coser
TENSIÓN
16 pts y 25 vueltas = cuadrado de 10 cm en punto de media con agujas de 3,25 mm
19 pts y 28 vueltas = cuadrado de 10 cm en punto inglés pd1 pr1 con agujas de 3,25 mm

GORRO

Con un par de agujas de 3,25 mm y el hilo A, monte 57 (61, 65) pts.
Vueltas 1-6 (6, 6): punto inglés de pd1, pr1.
Vueltas 7-30 (30, 32): haga punto de media comenzando con una vuelta de pd.
Vuelta 31 (31, 33): pd18 (19, 21), t2pdj, pd17 (19, 19), t2pdj, dé la vuelta. 55 (59, 63) pts.
Vuelta 32 (32, 34): pp, pr17 (19, 19), t2prj, dé la vuelta, 54 (58, 62) pts.
Vuelta 33 (33, 35): pp, pd17 (19, 19), t2pdj, dé la vuelta, 53 (57, 61) pts.
Rep. las vueltas 32 (32, 34) y 33 (33, 35) hasta la vuelta 54 (56, 62). 32 (34, 34) pts.
Vuelta 55 (57, 63): pp, *pr1, pd1* rep. desde * hasta * 8 (9, 9) veces, pr1, t2pdj, dé la vuelta, 31 (33, 33) pts.
Vuelta 56 (58, 64): pp, *pd1, pr1* rep. desde * hasta * 8 (9, 9) veces, pd1, t2prj, dé la vuelta, 30 (32, 32) pts.
Rep. las vueltas 55 (57, 63) y 56 (58, 64) hasta la vuelta 66 (68, 74). 20 (22, 22) pts.

Cuello

Cambie a unas agujas circulares de 3,25 mm. Coloque un marcador al principio de la vuelta.
Vuelta 67 (69, 75): pp, *pr1, pd1* rep. desde * hasta * 8 (9, 9) veces, pr1, t2pdj, coja 13 (12, 12) pts por un lado del gorro, monte 7 (7, 7) pts, una la labor para tejer en redondo, con cuidado de no retorcerla, coja 13 (12, 12) pts por el otro lado del gorro. 52 (52, 52) pts.
Vueltas 68-77 (70-81, 76-89): punto inglés de pd1, p1.
Vuelta 78 (82, 90): pd2 (3, 3), ph, pd2, ph, pd11 (11, 11), ph, pd2, ph, pd11 (11, 11), ph, pd2, ph, pd11 (11, 11), ph, pd2, ph, pd9 (8, 8). 60 (60, 60) pts.
Vuelta 79 (83, 91): pd3 (4, 4), ph, pd2, ph, pd13 (13, 13), ph, pd2, ph, pd13 (13, 13), ph, pd2, ph, pd13 (13, 13), ph, pd2, ph, pd10 (9, 9). 68 (68, 68) pts.
Vuelta 80 (84, 92): pd4 (5, 5), ph, pd2, ph, pd15 (15, 15), ph, pd2, ph, pd15 (15, 15), ph, pd2, ph, pd15 (15, 15), ph, pd2, ph, pd11 (10, 10). 76 (76, 76) pts.
Vuelta 81 (85, 93): pd5 (6, 6), ph, pd2, ph, pd17 (17, 17), ph, pd2, ph, pd17 (17, 17), ph, pd2, ph, pd17 (17, 17), ph, pd2, ph, pd12 (11, 11). 84 (84, 84) pts.
Vuelta 82 (86, 94): pd6 (7, 7), ph, pd2, ph, pd19 (19, 19), ph, pd2, ph, pd19 (19, 19), ph, pd2, ph, pd19 (19, 19), ph, pd2, ph, pd13 (12, 12). 92 (92, 92) pts.
Vuelta 83 (87, 95): pd7 (8, 8), ph, pd2, ph, pd21 (21, 21), ph, pd2, ph, pd21 (21, 21), ph, pd2, ph, pd21 (21, 21), ph, pd2, ph, pd14 (13, 13). 100 (100, 100) pts.
Vuelta (88, 96) (solo las dos tallas más grandes): pd (9, 9), ph, pd2, ph, pd (23, 23), ph, pd2, ph, pd (23, 23), ph, pd2, ph, pd (23, 23), ph, pd2, ph, pd (14, 14). (108, 108) pts.

La punta de las orejas del pequeño cerdito es triangular.

Vuelta (89, 97) (solo las dos tallas más grandes): pd (10, 10), ph, pd2, ph, pd (25, 25), ph, pd2, ph, pd (25, 25), ph, pd2, ph, pd (25, 25), ph, pd2, ph, pd (15, 15). (116, 116) pts.

Vuelta (98) (solo la talla más grande): pd (11), ph, pd2, ph, pd (27), ph, pd2, ph, pd (27), ph, pd2, ph, pd (27), ph, pd2, ph, pd (16). (124) pts.

Vuelta (99) (solo la talla más grande): pd (12), ph, pd2, ph, pd (29), ph, pd2, ph, pd (29), ph, pd2, ph, pd (29), ph, pd2, ph, pd (17). (132) pts.

Vueltas 84-89 (90-95, 100-105) (todas las tallas): punto inglés de pd1, pr1.

Remate y entreteja los hilos.

Orejas (confeccione 2)

Con un par de agujas de 3,25 mm de doble punta y A, monte 24 pts dejando un trozo de hilo de 20 cm para coser las orejas en su sitio y divídalos de manera uniforme entre las 3 agujas. Una la labor para tejer en redondo con cuidado de no retorcerla.

Vueltas 1-4: pd.
Vuelta 5: t2pdj, pd8, t2pdj, t2pdj, pd8, t2pdj. 20 pts.
Vuelta 6: t2pdj, pd6, t2pdj, t2pdj, pd6, t2pdj. 16 pts.
Vuelta 7: t2pdj, pd4, t2pdj, t2pdj, pd4, t2pdj. 12 pts.
Vuelta 8: t2pdj, pd2, t2pdj, t2pdj, pd2, t2pdj. 8 pts.
Vuelta 9: t2pdj 4 veces. 4 pts.

Deje un trozo de hilo lo bastante largo como para entretejerlo. Páselo por todos los puntos y sáquelos de las agujas. Tire con firmeza del trozo de hilo y asegúrelo. Entreteja los extremos sueltos.

ACABAR LA PIEZA

1 Cosa las orejas con costura invisible en la posición que se muestra.
2 Entreteja los hilos sueltos.

Hocico

Este patrón se hace a ganchillo en espiral. No una la labor al final de la vuelta; continúe tejiendo.

Con B, c6.

Vuelta 1: sáltese la primera cadeneta, pb en cada una de las siguientes 4 c, 3 pb en cada c (dele la vuelta a la labor para trabajar en la parte inferior de la cadeneta), pb en los siguientes 3 pts, 2 pb en la última c, 12 pb.

Vuelta 2: (2 pb en el siguiente pt, pb en cada uno de los siguientes 3 pts, 2 pb en el siguiente pt, pb) dos veces, 16 pb.

Vuelta 3: (2 pb en el siguiente pt, pb en cada uno de los siguientes 5 pts, 2 pb en el siguiente pt, pb) dos veces, 20 pb.

Vuelta 4: (pb, 2 pb en el siguiente pt, pb en cada uno de los siguientes 5 pts, 2 pb en el siguiente pt, pb, 2 pb en el siguiente pt) dos veces, 26 pb. Pra en el siguiente pt y remate. Deje un trozo de hilo lo bastante largo como para coser.

ACABAR LA PIEZA

1 Borde los orificios de la nariz con punto satén y usando el hilo C.
2 Cosa con costura invisible el hocico del cerdito al gorro en la posición que se indica.

La cara se consigue con la combinación de las orejas tejidas, el hocico de ganchillo, y los ojos y los orificios de la nariz bordados.

3 Borde los ojos en punto satén usando el hilo D.

4 Entreteja los extremos sueltos.

MANOPLAS

(CONFECCIONE 2)

Puño

Use unas agujas de 2 mm de doble punta, monte 22 (24, 26) pts y divídalos de manera uniforme entre 3 agujas. Una la labor para tejer en redondo con cuidado de no retorcerla. Coloque un marcador al principio de la vuelta.

Vueltas 1-10 (1-12, 1-14): punto inglés de pd1, pr1.

Escudete del pulgar

Cambie a unas agujas de 3,25 mm de doble punta para tejer el resto de la manopla.

Vuelta 1: aum1d, pd hasta el final de la vuelta. 23 (25, 27) pts.

Vuelta 2: pd.

Vuelta 3: aum1d, pd1, aum1iz, pd hasta el final de la vuelta. 25 (27, 29) pts.

Vuelta 4: pd.

Vuelta 5: aum1d, pd3, aum1iz, pd hasta el final de la vuelta. 27 (29, 31) pts.

Vuelta 6: pd.

Vuelta 7: aum1d, pd5, aum1iz, pd hasta el final de la vuelta. 29 (31, 33) pts.

Vuelta 8: pd.

Vuelta (9, 9) (solo las dos tallas más grandes): aum1d, pd7, aum1iz, pd hasta el final de la vuelta. (33, 35) pts.

Vuelta 9 (10, 10): pd1, deje en espera 7 (9, 9) puntos del pulgar empleando una hebra de hilo sobrante y vuelva a unir la labor para tejer los puntos de la mano en redondo, pd21 (23, 25), 22 (24, 26) pts.

Vueltas 10-20 (11-24, 11-25): pd.

Dedos índice y corazón

Vuelta 21 (25, 26): pd6 (6, 7), deje en espera los siguientes 11 (12, 13) pts del pulgar usando una hebra de hilo sobrante, monte 2 pts, pd5 (6, 6). 13 (14, 15) pts.

Vuelta 22 (26, 27-28): pd.

Vuelta 23 (27, 29): t2pdj hasta el final de la vuelta. (Si al llegar al final de la vuelta solo le queda un punto, téjalo.) 7 (7, 8) pts.

Vuelta 24 (28, 30): pd.

Acabe la pieza como en el caso de las orejas del gorro.

Dedos anular y meñique

Pase los 11 (12, 13) puntos que había dejado en espera a unas agujas de 3,25 mm de doble punta. Vuelva a unir la labor y coja 2 pts de los 2 que ha montado. Coloque un marcador al comienzo de la vuelta. 13 (14, 15) pts.

Vueltas 21-22 (25-26, 26-28): pd.

Vuelta 23 (27, 29): t2pdj hasta el final de la vuelta (si, al final de la vuelta, solo le queda un punto, téjalo). 7 (7, 8) tps.

Vuelta 24 (28, 30): pd.

Acabe la pieza como en el caso de las orejas del gorro.

Pulgar

Pase los 7 (9, 9) puntos que había dejado en espera a unas agujas de 3,25 mm de doble punta. Vuelva a unir la labor y coja un punto adicional en la esquina donde se encuentran la manopla y el escudete. Coloque un marcador al comienzo de la vuelta 8 (10, 10) pts.

Vueltas 1-6 (1-6, 1-8): pd.

Vuelta 7 (7-9): t2pdj hasta el final de la vuelta. 4 (5, 5) pts.

Acabe la pieza como en el caso de las orejas del gorro.

La forma de manita de cerdo de las manoplas hace que sean muy divertidas, además de cómodas.

amigos
con plumas

pájaro azul dormilón

Un pico fácil de tejer y unas puntadas básicas de bordado transforman una labor sencilla en una prenda con estilo. Los adornos del gorro se repiten en miniatura en las manoplas.

GORRO, MANOPLAS Y PATUCOS
NIVEL: principiante
TALLAS
6-12 meses (12-24 meses, 2-3 años)
Medidas de la prenda acabada
De «mejilla a mejilla» alrededor del gorro:
36 (37, 38) cm
Circunferencia de las manoplas:
13,75 (15, 16,25) cm
Longitud de las manoplas:
14 (16,5, 18) cm
MATERIALES
GORRO
Hilo principal:
Color A: 1 ovillo de 85 g (123 m) de hilo Lion Brand Jiffy, 100 % acrílico, azul pastel
Cantidades pequeñas:
Color B: hilo Lion Brand Jiffy, 100 % acrílico, rosa Blossom
Color C: hilo Lion Brand Jiffy, 100 % acrílico, negro
Agujas:
• 1 par de agujas de 3,25 mm
• Agujas circulares de 3,25 mm
• 4 agujas de doble punta de 3,25 mm
• Marcador de puntos
• Aguja de coser
• Un poco de relleno para muñecos
MANOPLAS
Hilo principal:
Color A: 1 ovillo de 85 g (123 m) de hilo Lion Brand Jiffy, 100 % acrílico, azul pastel
Cantidades pequeñas:
Color B: hilo Lion Brand Jiffy, 100 % acrílico, rosa Blossom
Color C: hilo Lion Brand Jiffy, 100 % acrílico, negro
Agujas:
• 4 agujas de 2 mm de doble punta
• 4 agujas de 3,25 mm de doble punta
• Aguja de coser
TENSIÓN
16 pts y 25 vueltas = cuadrado de 10 cm en punto de media con agujas de 3,25 mm
19 pts y 28 vueltas = cuadrado de 10 cm en punto inglés pd1 pr1 con agujas de 3,25 mm

GORRO

Con un par de agujas de 3,25 mm y el hilo A, monte 57 (61, 65 pts.)
Vueltas 1-6 (6, 6): punto inglés de pd1, pr1.
Vueltas 7-30 (30, 32): haga punto de media comenzando con una vuelta de pd.
Vuelta 31 (31, 33): pd18 (19, 21), t2pdj, pd17 (19, 19), t2pdj, dé la vuelta. 55 (59, 63) pts.
Vuelta 32 (32, 34): pp, pr17 (19, 19), t2prj, dé la vuelta, (58, 62) pts.
Vuelta 33 (33, 35): pp, pd17 (19, 19), t2pdj, dé la vuelta, 53 (57, 61) pts.
Rep. las vueltas 32 (32, 34) y 33 (33, 35) hasta la vuelta 54 (56, 62). 32 (34, 34) pts.
Vuelta 55 (57, 63): pp, *pr1, pd1* rep. desde * hasta * 8 (9, 9) veces, pr1, t2pdj, dé la vuelta, 31 (33, 33) pts.
Vuelta 56 (58, 64): pp, *pd1, pr1* rep. desde * hasta * 8 (9, 9) veces, pd1, t2prj, dé la vuelta, 30 (32, 32) pts.
Rep. las vueltas 55 (57, 63) y 56 (58, 64) hasta la vuelta 66 (68, 74), 20 (22, 22) pts.

Cuello

Cambie a unas agujas circulares de 3,25 mm. Coloque un marcador al principio de la vuelta.
Vuelta 67 (69, 75): pp, *pr1, pd1* rep. desde * hasta * 8 (9, 9) veces, pr1, t2pdj, coja 13 (12, 12) pts por un lado del gorro, monte 7 (7, 7) pts, una la labor para tejer en redondo, con cuidado de no retorcerla, coja 13 (12, 12) pts por el otro lado del gorro. 52 (52, 52) pts.
Vueltas 68-77 (70-81, 76-89): punto inglés de pd1, pr1.
Vuelta 78 (82, 90): pd2 (3, 3), ph, pd2, ph, pd11 (11, 11), ph, pd2, ph, pd11 (11, 11), ph, pd2, ph, pd11 (11, 11), ph, pd2, ph, pd9 (8, 8). 60 (60, 60) pts.
Vuelta 79 (83, 91): pd3 (4, 4), ph, pd2, ph, pd13 (13, 13), ph, pd2, ph, pd13 (13, 13), ph, pd2, ph, pd13 (13, 13), ph, pd2, ph, pd10 (9, 9). 68 (68, 68) pts.

El pico tiene un ligero relleno para que quede levantado.

Gran parte del pájaro dormilón está tejido
en punto inglés de pd1 pr1.

Vuelta 80 (84, 92): pd4 (5, 5), ph, pd2, ph, pd15 (15, 15),
ph, pd2, ph, pd15 (15, 15), ph, pd2, ph, pd15 (15, 15), ph, pd2,
ph, pd11 (10, 10). 76 (76, 76) pts.

Vuelta 81 (85, 93): pd5 (6, 6), ph, pd2, ph, pd17 (17, 17),
ph, pd2, ph, pd17 (17, 17), ph, pd2, ph, pd17 (17, 17), ph,
pd2, ph, pd12 (11, 11). 84 (84, 84) pts.

Vuelta 82 (86, 94): pd6 (7, 7), ph, pd2, ph, pd19 (19, 19),
ph, pd2, ph, pd19 (19, 19), ph, pd2, ph, pd19 (19, 19), ph,
pd2, ph, pd13 (12, 12). 92 (92, 92) pts.

Vuelta 83 (87, 95): pd7 (8, 8), ph, pd2, ph, pd21 (21, 21),
ph, pd2, ph, pd21 (21, 21), ph, pd2, ph, pd21 (21, 21), ph,
pd2, ph, pd14 (13, 13). 100 (100, 100) pts.

Vuelta (88, 96) (solo las dos tallas más grandes): pd
(9, 9), ph, pd2, ph, pd (23, 23), ph, pd2, ph, pd (23, 23), ph,
pd2, ph, pd (23, 23), ph, pd2, ph, pd (14, 14). (108, 108) pts.

Vuelta (89, 97) (solo las dos tallas más grandes):
pd (10, 10), ph, pd2, ph, pd (25, 25), ph, pd2, ph, pd
(25, 25), ph, pd2, ph, pd (25, 25), ph, pd2, ph, pd (15, 15).
(116, 116) pts.

Vuelta (98) (solo la talla más grande): pd (11), ph, pd2,
ph, pd (27), ph, pd2, ph, pd (27), ph, pd2, ph, pd (27), ph,
pd2, ph, pd (16). (124) pts.

Vuelta (99) (solo la talla más grande): pd (12), ph, pd2,
ph, pd (29), ph, pd2, ph, pd (29), ph, pd2, ph, pd (29), ph,
pd2, ph, pd (17). (132) pts.

Vuelta 84-89 (90-95, 100-105) (todas las tallas):
punto inglés de pd1, pr1.
Remate y entreteja los hilos.

Pico

Con un par de agujas de 3,25 mm de doble punta e
hilo A, monte 24 pts dejando un trozo de hilo de 20 cm
para coser el pico en su sitio y divídalos de manera
uniforme entre las 3 agujas. Una la labor para tejer
en redondo con cuidado de no retorcerla.

Vueltas 1-4: pd.

Vuelta 5: t2pdj, pd8, t2pdj, t2pdj, pd8, t2pdj. 20 pts.

Vuelta 6: t2pdj, pd6, t2pdj, t2pdj, pd6, t2pdj. 16 pts.

Vuelta 7: t2pdj, pd4, t2pdj, t2pdj, pd4, t2pdj. 12 pts.

Vuelta 8: t2pdj, pd2, t2pdj, t2pdj, pd2, t2pdj. 8 pts.

Vuelta 9: t2pdj 4 veces. 4 pts.

Deje un trozo de hilo lo bastante largo como para
entretejerlo. Páselo por todos los puntos y sáquelos
de las agujas. Tire con firmeza del hilo y asegúrelo.
Entreteja los extremos sueltos.

ACABAR LA PIEZA

1 Introduzca un ligero relleno en el pico.

2 Cosa el pico al gorro.

3 Utilizando C, borde los ojos con pestañas en punto
atrás.

MANOPLAS

(CONFECCIONE 2)

Puño

Use agujas de doble punta de 2 mm y A, monte 22 (24, 26) pts y divídalos de manera uniforme entre 3 agujas. Una la labor para tejer en redondo con cuidado de no retorcerla. Coloque un marcador al comienzo de la vuelta.

Vueltas 1-10 (1-12, 1-14): punto inglés de pd1, pr1.

Escudete del pulgar

Cambie a agujas de doble punta de 3,25 mm para hacer el resto de la manopla.

Vuelta 1: aum1d, pd hasta final de vuelta. 23 (25, 27) pts.
Vuelta 2: pd.
Vuelta 3: aum1d, pd1, aum1iz, pd hasta final de vuelta. 25 (27, 29) pts.
Vuelta 4: pd.
Vuelta 5: aum1d, pd3, aum1iz, pd hasta final de vuelta. 27 (29, 31) pts.
Vuelta 6: pd.
Vuelta 7: aum1d, pd5, aum1d, pd hasta final de vuelta. 29 (31, 33) pts.
Vuelta 8: pd.
Vuelta (9, 9) (solo las dos tallas más grandes): aum1d, pd7, aum1iz, pd hasta final de vuelta. (33, 35) pts.
Vuelta 9 (10, 10): pd1, deje en espera 7 (9, 9) pts del pulgar empleando una hebra de hilo sobrante y vuelva

a unir para hacer los puntos de la mano en redondo, pd21 (23, 25). 22 (24, 26) pts.
Vueltas 10-22 (11-26, 11-28): pd.
Cierre la parte superior
Vuelta 23 (27, 29): t2pdj hasta acabar la vuelta. 11 (12, 13) pts.
Vuelta 24 (28, 30): pd.
Vuelta 25 (29, 31): t2pdj hasta el final de la vuelta. (Si al llegar al final de la vuelta le queda un punto, téjalo.) 6 (6, 7) pts.
Deje un trozo lo bastante largo como para entretejerlo. Haga pasar el hilo por todos los puntos y sáquelos de la aguja. Tire del hilo con firmeza y asegúrelo. Entreteja los hilos sueltos.

Pulgar

Pase los 7 (9, 9) puntos que había dejado en espera a unas agujas de doble punta de 3,25 mm. Vuelva a unir la labor y coja un punto adicional en la esquina donde la mano se encuentra con el escudete. Coloque un marcador al comienzo de la vuelta. 8 (10, 10) pts.
Vueltas 1-6 (1-6, 1-8): pd.
Vuelta 7 (9, 9): t2pdj hasta el final de la vuelta. 4 (5, 5) pts.
Remate como en la parte de la mano. Cierre la parte superior.

ACABAR LA PIEZA

1 Borde el pico con punto raso utilizando B.
2 Borde los ojos con pestañas en punto atrás con C.
3 Entreteja los hilos sueltos.

Borde el pico en el centro y las pestañas a ambos lados.

gallito rojo

Esta vibrante combinación hará, sin duda, que su hijo destaque entre los demás niños. Los ojos se han confeccionado en ganchillo en espiral y también puede rellenarlos para potenciar el efecto.

GORRO Y MANOPLAS
NIVEL: intermedio
TALLAS
6-12 meses (12-24 meses, 2-3 años)
Medidas de la prenda acabada
De «mejilla a mejilla» alrededor del gorro:
36 (37, 38) cm
Circunferencia de las manoplas:
13,75 (15, 16,25) cm
Longitud de las manoplas:
14 (16,5, 18) cm
MATERIALES
GORRO
Hilo principal:
Color A: 1 ovillo de 85 g (123 m) de hilo Lion Brand Jiffy, 100 % acrílico, rojo (True Red)
Cantidades pequeñas:
Color B: hilo Lion Brand Jiffy, 100 % acrílico, negro
Color C: hilo Lion Brand Jiffy, 100 % acrílico, blanco
Color D: hilo Lion Brand Jiffy, 100 % acrílico, amarillo (Honey Bee)
Agujas:
• 1 par de agujas de 3,25 mm
• Agujas circulares de 3,25 mm

• 4 agujas de doble punta de 3,25 mm
• Marcador de puntos
• Aguja de ganchillo de 2,75 mm
• Aguja de coser
• Un poco de relleno para muñecos
MANOPLAS
Hilo principal:
Color A: 1 ovillo de 85 g (123 m) de hilo Lion Brand Jiffy, 100 % acrílico, rojo (True Red) 55 g, 80 m
Cantidades pequeñas:
Color B: hilo Lion Brand Jiffy, 100 % acrílico, negro
Color C: hilo Lion Brand Jiffy, 100 % acrílico, blanco
Color D: hilo Lion Brand Jiffy, 100 % acrílico, amarillo (Honey Bee)
Agujas:
• 4 agujas de 2 mm de doble punta
• 4 agujas de 3,25 mm de doble punta
• Aguja de ganchillo de 2,75 mm
• Aguja de coser
TENSIÓN
16 pts y 25 vueltas = cuadrado de 10 cm en punto de media con agujas de 3,25 mm
19 pts y 28 vueltas = cuadrado de 10 cm en punto inglés pd1 pr1 con agujas de 3,25 mm

GORRO

Con un par de agujas de 3,25 mm y el hilo B, monte 57 (61, 65 pts).
Vueltas 1-6 (6, 6): punto inglés de pd1, pr1. Cambie a A.
Vueltas 7-30 (30, 32): haga punto de media comenzando con una vuelta de pd.
Vuelta 31 (31, 33): pd18 (19, 21), t2pdj, pd17 (19, 19), t2pdj, dé la vuelta. 55 (59, 63) pts.
Vuelta 32 (32, 34): pp, pr17 (19, 19), t2prj, dé la vuelta, 54 (58, 62) pts.
Vuelta 33 (33, 35): pp, pd17 (19, 19), t2pdj, dé la vuelta, 53 (57, 61) pts.
Rep. las vueltas 32 (32, 34) y 33 (33, 35) hasta la vuelta 54 (56, 62). 32 (34, 34) pts.
Vuelta 55 (57, 63): pp, *pr1, pd1* rep. desde * hasta * 8 (9, 9) veces, pr1, t2pdj, dé la vuelta, 31 (33, 33) pts.
Vuelta 56 (58, 64): pp, *pd1, pr1* rep. desde * hasta * 8 (9, 9) veces, pd1, t2prj, dé la vuelta, 30 (32, 32) pts.
Rep. las vueltas 55 (57, 63) y 56 (58, 64) hasta la vuelta 66 (68, 74). 20 (22, 22) pts.

Cuello

Cambie a unas agujas circulares de 3,25 mm. Coloque un marcador al principio de la vuelta.
Vuelta 67 (69, 75): pp, *pr1, pd1* rep. desde * hasta * 8 (9, 9) veces, pr1, t2pdj, coja 13 (12, 12) pts por un lado

El pequeño gallito rojo está confeccionado en colores vivos: rojo, negro, blanco y amarillo.

del gorro, monte 7 (7, 7) pts, una la labor para tejer
en redondo, con cuidado de no retorcerla, coja 13
(12, 12) pts por el otro lado del gorro. 52 (52, 52) pts.
Vueltas 68-77 (70-81, 76-89): punto inglés de pd1, pr1.
Vuelta 78 (82, 90): pd2 (3, 3), ph, pd2, ph, pd11 (11, 11),
ph, pd2, ph, pd11 (11, 11), ph, pd2, ph, pd11 (11, 11), ph, pd2, ph,
pd9 (8, 8). 60 (60, 60) pts.
Vuelta 79 (83, 91): pd3 (4, 4), ph, pd2, ph, pd13 (13, 13),
ph, pd2, ph, pd13 (13, 13), ph, pd2, ph, pd13 (13, 13), ph,
pd2, ph, pd10 (9, 9). 68 (68, 68) pts.
Vuelta 80 (84, 92): pd4 (5, 5), ph, pd2, ph, pd15 (15, 15),
ph, pd2, ph, pd15 (15, 15), ph, pd2, ph, pd15 (15, 15), ph,
pd2, ph, pd11 (10, 10). 76 (76, 76) pts.
Vuelta 81 (85, 93): pd5 (6, 6), ph, pd2, ph, pd17 (17, 17),
ph, pd2, ph, pd17 (17, 17), ph, pd2, ph, pd17 (17, 17), ph,
pd2, ph, pd12 (11, 11). 84 (84, 84) pts.
Vuelta 82 (86, 94): pd6 (7, 7), ph, pd2, ph, pd19 (19, 19),
ph, pd2, ph, pd19 (19, 19), ph, pd2, ph, pd19 (19, 19), ph,
pd2, ph, pd13 (12, 12). 92 (92, 92) pts.
Vuelta 83 (87, 95): pd7 (8, 8), ph, pd2, ph, pd21 (21, 21),
ph, pd2, ph, pd21 (21, 21), ph, pd2, ph, pd21 (21, 21), ph,
pd2, ph, pd14 (13, 13). 100 (100, 100) pts.
Vuelta (88, 96) (solo las dos tallas más grandes):
pd (9, 9), ph, pd2, ph, pd (23, 23), ph, pd2, ph, pd
(23, 23), ph, pd2, ph, pd (23, 23), ph, pd2, ph, pd (14, 14).
(108, 108) pts.
Vuelta (89, 97) (solo las dos tallas más grandes):
pd (10, 10), ph, pd2, ph, pd (25, 25), ph, pd2, ph, pd
(25, 25), ph, pd2, ph, pd (25, 25), ph, pd2, ph, pd (15, 15).
(116, 116) pts.
Vuelta (98) (solo la talla más grande): pd (11), ph, pd2,
ph, pd (27), ph, pd2, ph, pd (27), ph, pd2, ph, pd (27), ph,
pd2, ph, pd (16). (124) pts.
Vuelta (99) (solo la talla más grande): pd (12), ph, pd2,
ph, pd (29), ph, pd2, ph, pd (29), ph, pd2, ph, pd (29), ph,
pd2, ph, pd (17). (132) pts.
Vuelta 84-89 (90-95, 100-105) (todas las tallas):
punto inglés de pd1, pr1.
Remate y entreteja los hilos.

Ojos (confeccione 2)

Este diseño se teje con ganchillo en espiral. No una
la labor al final de la vuelta; continúe trabajando.
Con una aguja de ganchillo de 2,75 mm y C, c4.
Una con pra para formar un aro.
Vuelta 1: 7pb en el aro.
Vuelta 2: 2pb en cada pb. 14 pb.
Vuelta 3: 14 pb.
Vuelta 4: 14 pb.
Acabe con pra en el siguiente punto para unir la labor.
Asegure el hilo dejando un trozo lo bastante largo como
para coser.

Pupilas (confeccione 2)

Con una aguja de ganchillo de 2,75 mm y B, c4.
Una con pra para formar un aro.
Vuelta 1: 7pb en el aro.
Acabe con pra en el siguiente punto para unir la labor.
Asegure el hilo dejando un trozo lo bastante largo como
para coser.

ACABAR LA PIEZA

1 Cosa las pupilas a los globos oculares.
2 Con C, borde los dos brillos pequeños de las pupilas
en punto satén.
3 Remeta los extremos suelos del hilo por dentro
del ojo y añada también un poco de relleno, si lo desea.
4 Cosa los ojos al gorro.
5 Entreteja los hilos.

Pico

Con un par de agujas de 3,25 mm de doble
punta e hilo A, monte 16 pts dejando un trozo
de hilo de 20 cm para coser el pico en su sitio
y divídalos de manera uniforme entre las 3 agujas.
Una la labor para tejer en redondo con cuidado
de no retorcerla.

El cuello integrado en el gorro de estas
prendas las hace muy cómodas.

Vuelta 1: pd.

Vuelta 2: t2pdj, pd4, t2pdj, t2pdj, pd4, t2pdj. 12 pts.

Vuelta 3: pd.

Vuelta 4: t2pdj, pd2, t2pdj, t2pdj, pd2, t2pdj. 8 pts.

Vuelta 5: pd.

Vuelta 6: t2pdj 4 veces. 4 pts.

Deje un trozo de hilo lo bastante largo como para entretejerlo. Páselo por todos los puntos y sáquelos de las agujas. Tire con firmeza del hilo y asegúrelo. Entreteja los extremos sueltos.

Cresta

Con un par de agujas de 3,25 mm de doble punta e hilo A, monte 3 pts dejando un trozo de 20 cm para coser la cresta en su sitio.

Vuelta 1: pd1, ph, pd1, ph, pd1, 5 pts.

Vuelta 2: pr2, ph, pr1, ph, pr2, 7 pts.

Vuelta 3: pd3, ph, pd1, ph, pd3, 9 pts.

Vuelta 4: pr4, ph, pr1, ph, pr4, 11 pts.

Vuelta 5: pd5, ph, pd1, ph, pd5, 13 pts.

Vuelta 6: pd6, ph, pd1, ph, pd6, 15 pts.

Cierre la cresta (consulte los dibujos de la página 139)

Vuelta 7: pd2, pp siguientes 5 pts, junte las agujas de modo que queden en paralelo, se junten los lados del revés de la labor, y las puntas de las agujas queden mirando a la derecha (la aguja de la derecha está atrás), pase el siguiente punto a una aguja de ganchillo; será el punto 8.º de la vuelta. Introduzca la aguja de ganchillo en el 7.º punto (de la aguja derecha) y páselo de auuxl punto que hay en la aguja de ganchillo. Continúe del siguiente modo:

**pase el siguiente pt de la aguja izquierda por el pt que hay en la aguja de ganchillo,

pase el siguiente pt de la aguja derecha por el pt que hay en la aguja de ganchillo.**

Rep. desde ** hasta ** hasta haber pasado el último pt de la aguja derecha por el siguiente punto de la aguja izquierda, pase el siguiente pt de la aguja izquierda por el pt que hay en la aguja de ganchillo, pase este punto a la aguja izquierda, ponga las agujas en su posición normal, ph, pd1, ph, pd2. 7 pts.

Vuelta 8: pr3, ph, pr1, ph, pr3, 9 pts.

Vuelta 9: pd4, ph, pd1, ph, pd4, 11 pts.

Vuelta 10: pr5, ph, pr1, ph, pr5, 13 pts.

Vuelta 11: pd6, ph, pd1, ph, pd6, 15 pts.

Vuelta 12: pr7, ph, pr1, ph, pr7, 17 pts.

Vuelta 13: pd8, ph, pd1, ph, pd8, 19 pts.

Vuelta 14: pr9, ph, pr1, ph, pr9, 21 pts.

Cierre la cresta (consulte los dibujos de la página 139)

Vuelta 15: pd2, pp siguientes 8 pts, junte las agujas de modo que queden en paralelo, se junten los lados del revés de la labor y las puntas de las agujas queden mirando a la derecha (la aguja de la derecha está atrás), pase el siguiente punto a una aguja de ganchillo; será el punto 11.º de la vuelta. Introduzca la aguja de ganchillo en el 10.º punto (de la aguja derecha) y páselo de auuxl punto que hay en la aguja de ganchillo.

Continúe del siguiente modo:

**pase el siguiente pt de la aguja izquierda por el pt que hay en la aguja de ganchillo,

pase el siguiente pt de la aguja derecha por el pt que hay en la aguja de ganchillo.**

Rep. desde ** hasta ** hasta haber pasado el último pt de la aguja derecha por el siguiente punto de la aguja izquierda, pase el siguiente pt de la aguja izquierda por

Los ojos saltones, la cresta y el pico confieren al gorro un carácter especial.

Doble la cresta como se muestra aquí
antes de coserla al gorro.

el pt que hay en la aguja de ganchillo, pase este punto
a la aguja izquierda, devuelva las agujas a su posición
normal, ph, pd1, ph, pd2. 7 pts.

Vuelta 16: pr3, ph, pr1, ph, pr3, 9 pts.

Vuelta 17: pd4, ph, pd1, ph, pd4, 11 pts.

Vuelta 18: pr5, ph, pr1, ph, pr5, 13 pts.

Vuelta 19: pd6, ph. pd1, ph, pd6, 15 pts.

Vuelta 20: pd7, ph, pd1, ph, pd7, 17 pts.

Vuelta 21: pd8, ph, pd1, ph, pd8, 19 pts.

Vuelta 22: pd9, ph, pd1, ph, pd9, 21 pts.

Cierre la cresta (consulte los dibujos de la página 139)

Vuelta 23: pase los siguientes 10 pts, junte las agujas de
modo que estén en paralelo, se junten los lados del revés
de la labor y las puntas de las agujas queden mirando
a la derecha (la aguja de la derecha está atrás), pase el
siguiente punto a una aguja de ganchillo; será el punto
11.º de la vuelta.

Introduzca la aguja de ganchillo en el 10.º punto
(de la aguja derecha) y páselo a través del punto que
hay en la aguja de ganchillo.

Continúe del siguiente modo:

**pase el siguiente pt de la aguja izquierda por el pt
que hay en la aguja de ganchillo,
pase el siguiente pt de la aguja derecha por el pt que
hay en la aguja de ganchillo.**

Rep. desde ** hasta ** hasta haber pasado el último
pt de la aguja derecha por el siguiente punto de la aguja
izquierda, pase el siguiente pt de la aguja izquierda por
el pt que hay en la aguja de ganchillo.

Deje un trozo lo bastante largo como para coser la
cresta en su sitio. Tire con firmeza del hilo y asegúrelo.
Entreteja el extremo del hilo.

ACABAR LA PIEZA

1 Doble la cresta como se muestra en la fotografía.

2 Cosa la cresta al gorro.

3 Entreteja los hilos.

MANOPLAS

(CONFECCIONE 2)

Puño

Use agujas de doble punta de 2 mm y el color A, monte
22 (24, 26) pts y divídalos de manera uniforme entre
3 agujas. Una la labor para tejer en redondo con cuidado
de no retorcerla. Coloque un marcador al comienzo de
la vuelta.

Vueltas 1-10 (1-12, 1-14): punto inglés de pd1, pr1.

Escudete del pulgar

Cambie a agujas de doble punta de 3,25 mm para hacer
el resto de la manopla.

Vuelta 1: aum1d, pd hasta final de vuelta. 23 (25, 27) pts.

Vuelta 2: pd.

Vuelta 3: aum1d, pd1, aum1iz, pd hasta final de vuelta.
25 (27, 29) pts.

Vuelta 4: pd.

Vuelta 5: aum1d, pd3, aum1iz, pd hasta final de vuelta.
27 (29, 31) pts.

Vuelta 6: pd.

Vuelta 7: aum1d, pd5, aum1d, pd hasta final de vuelta.
29 (31, 33) pts.

Vuelta 8: pd.

Vuelta (9, 9) (solo las dos tallas más grandes): aum1d,
pd7, aum1iz, pd hasta final de vuelta. (33, 35) pts.

Vuelta 9 (10, 10): pd1, deje en espera 7 (9, 9) pts del
pulgar empleando una hebra de hilo sobrante y vuelva
a unir para hacer los puntos de la mano en redondo,
pd21 (23, 25). 22 (24, 26) pts.

Vueltas 10-18 (11-22, 11-24): pd.

Cambie a B.

Vueltas 19-22 (23-26, 25-28): pd.

Cierre la parte superior

Vuelta 23 (27, 29): t2pdj hasta acabar la vuelta.
11 (12, 13) pts.

Vuelta 24 (28, 30): pd.

Vuelta 25 (29, 31): t2pdj hasta el final de la vuelta.
(Si al llegar al final de la vuelta le queda un punto,
téjalo.) 6 (6, 7) pts.

Deje un trozo lo bastante largo como para entretejerlo.
Haga pasar el hilo por todos los puntos y sáquelos de
la aguja. Tire del hilo con firmeza y asegúrelo. Entreteja
los hilos sueltos.

Pulgar

Pase los 7 (9, 9) puntos que había dejado en espera
a unas agujas de doble punta de 3,25 mm. Vuelva a unir
la labor y coja un punto adicional en la esquina donde la
mano se encuentra con el escudete. Coloque un marcador
al comienzo de la vuelta. 8 (10, 10) pts.

Vueltas 1-6 (1-6, 1-8): pd.

Vuelta 7 (7, 9): t2pdj hasta el final de la vuelta.
4 (5, 5) pts.

Remate como en la mano. Cierre la parte superior.

Ojos (confeccione 4)

Con una aguja de ganchillo de 2,75 mm y C, c5.
Una con pra para formar un aro.

Vuelta 1: c4, 10mpa en aro, una con pra en la parte
superior de las primeras 4c. 11mpa.

Remate dejando un trozo largo de hilo para coser.

ACABAR LA PIEZA

1 Con B, borde las pupilas en mitad de los ojos
en punto satén.

2 Cosa los ojos a las manoplas.

3 Entreteja los hilos sueltos.

Pico pequeño (confeccione 2)

Con D, c4, 1pra en 2.ª c desde la aguja de ganchillo,
1pb en 3.ª c desde la aguja, 1mpa en 4.ª c desde la aguja.

Remate dejando un trozo largo de hilo para coser.

ACABAR LA PIEZA

1 Cosa los picos a las manoplas.

2 Entreteja los hilos.

Cresta (confeccione 2)

Con A, c10, 1pra en 1.ª c, c15, 1pra en 1.ª c, c10, 1pra
en 1.ª c.

Remate dejando un trozo largo de hilo para coser.

ACABAR LA PIEZA

1 Cosa las crestas a las manoplas.

2 Entreteja los hilos.

Las manoplas tienen la misma
cresta, los mismos ojos y el mismo
pico que el gorro.

pollito travieso

Este gorro de pollito es suave y abriga mucho. Las crestas del gorro y las manoplas son de punto, y el pico se confecciona fácilmente a ganchillo.

GORRO Y MANOPLAS
NIVEL: intermedio
TALLAS
6-12 meses (12-24 meses, 2-3 años)
Medidas de la prenda acabada
De «mejilla a mejilla» alrededor del gorro:
36 (37, 38) cm
Circunferencia de las manoplas:
13,75 (15, 16,25) cm
Longitud de las manoplas:
14 (16,5, 18) cm

MATERIALES
GORRO
Hilo principal:
Color A: 1 ovillo de 85 g (123 m) de hilo Lion Brand Jiffy, 100 % acrílico, blanco
Cantidades pequeñas:
Color B: hilo Lion Brand Jiffy, 100 % acrílico, rojo (True Red)
Color C: hilo Lion Brand Jiffy, 100 % acrílico, negro
Color D: hilo Lion Brand Jiffy, 100 % acrílico, amarillo (Honey Bee)
Agujas:
• 1 par de agujas de 3,25 mm
• Aguja circular de 3,25 mm
• Marcador de puntos
• Aguja de ganchillo de 2,75 mm
• Aguja de coser
MANOPLAS
Hilo principal:
Color A: 1 ovillo de 85 g (123 m) de hilo Lion Brand Jiffy, 100 % acrílico, blanco
Cantidades pequeñas:
Color B: hilo Lion Brand Jiffy, 100 % acrílico, rojo (True Red)
Color C: hilo Lion Brand Jiffy, 100 % acrílico, negro
Color D: hilo Lion Brand Jiffy, 100 % acrílico, amarillo (Honey Bee)
Agujas:
• 4 agujas de 2 mm de doble punta
• 4 agujas de 3,25 mm de doble punta
• Aguja de ganchillo de 2,75 mm
• Aguja de coser
TENSIÓN
16 pts y 25 vueltas = cuadrado de 10 cm en punto de media con agujas de 3,25 mm
19 pts y 28 vueltas = cuadrado de 10 cm en punto inglés pd1 pr1 con agujas de 3,25 mm

Los elementos característicos del gorro del pollito travieso son visibles desde todos los ángulos.

GORRO

Con un par de agujas de 3,25 mm y el hilo A, monte 57 (61, 65 pts).

Vueltas 1-6 (6, 6): punto inglés de pd1, pr1.

Vueltas 7-30 (30, 32): haga punto de media comenzando con una vuelta de pd.

Vuelta 31 (31, 33): pd18 (19, 21), t2pdj, pd17 (19, 19), t2pdj, dé la vuelta. 55 (59, 63) pts.

Vuelta 32 (32, 34): pp, pr17 (19, 19), t2prj, dé la vuelta. 54 (58, 62) pts.

Vuelta 33 (33, 35): pp, pd17 (19, 19), t2pdj, dé la vuelta. 53 (57, 61) pts.

Rep. las vueltas 32 (32, 34) y 33 (33, 35) hasta la vuelta 54 (56, 62). 32 (34, 34) pts.

Vuelta 55 (57, 63): pp, *pr1, pd1* rep. desde * hasta * 8 (9, 9) veces, pr1, t2pdj, dé la vuelta. 31 (33, 33) pts.

Vuelta 56 (58, 64): pp, *pd1, pr1* rep. desde * hasta * 8 (9, 9) veces, pd1, t2prj, dé la vuelta. 30 (32, 32) pts.

Rep vueltas 55 (57, 63) y 56 (58, 64) hasta la vuelta 66 (68, 74). 20 (22, 22) pts.

Cuello

Cambie a un par de agujas circulares de 3,25 mm.
Coloque un marcador al principio de la vuelta.

Vuelta 67 (69, 75): pp, *pr1, pd1* rep. desde * hasta *
8 (9, 9) veces, pr1, t2pdj, coja 13 (12, 12) pts por un lado
del gorro, monte 7 (7, 7) pts, una la labor para tejer en
redondo, con cuidado de no retorcerla, coja 13 (12, 12) pts
por el otro lado del gorro. 52 (52, 52) pts.

Vueltas 68-77 (70-81, 76-89): punto inglés de pd1, pr1.

Vuelta 78 (82, 90): pd2 (3, 3), ph, pd2, ph, pd11 (11, 11),
ph, pd2, ph, pd11 (11, 11), ph, pd2, ph, pd11 (11, 11), ph, pd2, ph,
pd9 (8, 8). 60 (60, 60) pts.

Vuelta 79 (83, 91): pd3 (4, 4), ph, pd2, ph, pd13 (13, 13),
ph, pd2, ph, pd13 (13, 13), ph, pd2, ph, pd13 (13, 13), ph,
pd2, ph, pd10 (9, 9). 68 (68, 68) pts.

Vuelta 80 (84, 92): pd4 (5, 5), ph, pd2, ph, pd15 (15, 15),
ph, pd2, ph, pd15 (15, 15), ph, pd2, ph, pd15 (15, 15), ph,
pd2, ph, pd11 (10, 10). 76 (76, 76) pts.

Vuelta 81 (85, 93): pd5 (6, 6), ph, pd2, ph, pd17 (17, 17),
ph, pd2, ph, pd17 (17, 17), ph, pd2, ph, pd17 (17, 17), ph,
pd2, ph, pd12 (11, 11). 84 (84, 84) pts.

Vuelta 82 (86, 94): pd6 (7, 7), ph, pd2, ph, pd19 (19, 19),
ph, pd2, ph, pd19 (19, 19), ph, pd2, ph, pd19 (19, 19), ph,
pd2, ph, pd13 (12, 12). 92 (92, 92) pts.

Vuelta 83 (87, 95): pd7 (8, 8), ph, pd2, ph, pd21 (21, 21),
ph, pd2, ph, pd21 (21, 21), ph, pd2, ph, pd21 (21, 21), ph, pd2,
ph, pd14 (13, 13). 100 (100, 100) pts.

Vuelta (88, 96) (solo las dos tallas más grandes):
pd (9, 9), ph, pd2, ph, pd (23, 23), ph, pd2, ph, pd
(23, 23), ph, pd2, ph, pd (23, 23), ph, pd2, ph, pd (14, 14).
(108, 108) pts.

Vuelta (89, 97) (solo las dos tallas más grandes):
pd (10, 10), ph, pd2, ph, pd (25, 25), ph, pd2, ph, pd
(25, 25), ph, pd2, ph, pd (25, 25), ph, pd2, ph, pd (15, 15).
(116, 116) pts.

Vuelta (98) (solo la talla más grande): pd (11), ph, pd2,
ph, pd (27), ph, pd2, ph, pd (27), ph, pd2, ph, pd (27), ph,
pd2, ph, pd (16). (124) pts.

Vuelta (99) (solo la talla más grande): pd (12), ph,
pd2, ph, pd (29), ph, pd2, ph, pd (29), ph, pd2, ph, pd (29),
ph, pd2, ph, pd (17). (132) pts.

Vueltas 84-89 (90-95, 100-105) (todas las tallas):
punto inglés de pd1, pr1.
Remate y entreteja los hilos.

Cresta

Con un par de agujas de 3,25 mm e hilo B, monte 30 pts.
Vuelta 1: pd.
Vuelta 2: *pd1, t2pdj* 10 veces. 20 pts.
Vuelta 3: *pd1, t2pdj* 6 veces, pd2. 14 pts.
Vuelta 4: *pd1, t2pdj* 4 veces, pd2. 10 pts.
Vuelta 5: *pd1, t2pdj* 3 veces, pd1 7 pts.
Remate.

Asegúrese de coser el pico y la cresta
como se muestra en la fotografía,
y de bordar los ojos como se indica.

Pico

Con una aguja de ganchillo de 2,75 mm y D: c6,
1pra en 2.ª c desde aguja, 1pb en 3.ª c desde aguja, 1mpa
en 4.ª c desde aguja, 1mpa en 5.ª c desde aguja, 1pa en
6.ª c desde aguja, 5c, 1pra en 2.ª c desde aguja, 1pb en 3.ª
c desde aguja, 1mpa en 4.ª c desde aguja, 1pa en 5.ª c
desde aguja. Remate y asegure el hilo dejando un trozo
lo bastante largo como para coser.

ACABAR LA PIEZA

1 Cosa el pico al gorro.
2 Cosa la cresta al gorro.
3 Con C, borde 2 ojos en punto satén.
4 Entreteja los extremos.

MANOPLAS

(CONFECCIONE 2)

Puño

Use agujas de doble punta de 2 mm y el color A, monte 22 (24, 26) pts y divídalos de manera uniforme entre 3 agujas. Una la labor para tejer en redondo con cuidado de no retorcerla. Coloque un marcador al comienzo de la vuelta.

Vueltas 1-10 (1-12, 1-14): punto inglés de pd1, pr1.

Escudete del pulgar

Cambie a agujas de doble punta de 3,25 mm para hacer el resto de la manopla.

Vuelta 1: aum1d, pd hasta final de vuelta. 23 (25, 27) pts.

Vuelta 2: pd.

Vuelta 3: aum1d, pd1, aum1iz, pd hasta final de vuelta. 5 (27, 29) pts.

Vuelta 4: pd.

Vuelta 5: aum1d, pd3, aum1iz, pd hasta final de vuelta. 27 (29, 31) pts.

Vuelta 6: pd.

Vuelta 7: aum1d, pd5, aum1iz, pd hasta final de vuelta. 29 (31, 33) pts.

Vuelta 8: pd.

Vuelta (9, 9) (solo las dos tallas más grandes): aum1d, pd7, aum1iz, pd hasta final de vuelta. (33, 35) pts.

Vuelta 9 (10, 10): pd1, deje en espera 7 (9, 9) pts del pulgar empleando una hebra de hilo sobrante y vuelva a unir para hacer los puntos de la mano en redondo, pd21 (23, 25). 22 (24, 26) pts.

Vueltas 10-22 (11-26, 11-28): pd.

Cierre la parte superior

Vuelta 23 (27, 29): t2pdj hasta acabar la vuelta. 11 (12, 13) pts.

Vuelta 24 (28, 30): pd.

Vuelta 25 (29, 31): t2pdj hasta el final de la vuelta (si al llegar al final de la vuelta le queda un punto, téjalo). 6 (6, 7) pts.

Deje un trozo lo bastante largo como para entretejerlo. Haga pasar el hilo por todos los puntos y sáquelos de la aguja. Tire del hilo con firmeza y asegúrelo. Entreteja los hilos sueltos.

Pulgar

Pase los 7 (9, 9) puntos que había dejado en espera a unas agujas de doble punta de 3,25 mm. Vuelva a unir la labor y coja un punto adicional en la esquina donde la mano se encuentra con el escudete. Coloque un marcador al comienzo de la vuelta. 8 (10, 10) pts.

Vueltas 1-6 (1-6, 1-8): pd.

Vuelta 7 (9, 9): t2pdj hasta el final de la vuelta. 4 (5, 5) pts.

Remate como en la parte de la mano. Cierre la parte superior.

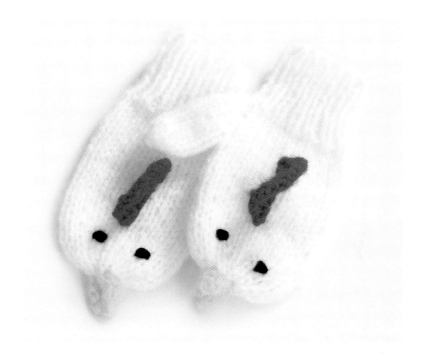

Cresta

Con un par de agujas de 3,25 mm e hilo B, monte 20 pts.

Vuelta 1: pd.

Vuelta 2: t2pdj hasta el final de la vuelta. 10 pts.

Vuelta 3: pd.

Vuelta 4: t2pdj hasta el final de la vuelta. 5 pts.

Vuelta 5: pd.

Remate.

Pico

Con una aguja de ganchillo de 2,75 mm y D: c5, 1pra en 2.ª c desde aguja, 1pb en 3.ª c desde aguja, 1mpa en 4.ª c desde aguja, 1pa en 5.ª c desde aguja, 4c, 1pra en 2.ª c desde aguja, 1pb en 3.ª c desde aguja, 1mpa en 4.ª c desde aguja. Remate.

ACABAR LA PIEZA

1 Cosa los picos a las manoplas.
2 Cosa las crestas a las manoplas.
3 Con C, borde los ojos en punto satén.
4 Entreteja los extremos.

Cada manopla tiene su propia cresta, ojos y pico.

búho sabio

No hay duda de que a los niños les encantará este búho sabio con sus grandes ojos y sus orejas puntiagudas. El gorro se abrocha al cuello con una tira y la bufanda mantendrá caliente el cuello.

GORRO, MANOPLAS Y BUFANDA
NIVEL: avanzado
TALLAS
6-12 meses (12-24 meses, 2-3 años)
Medidas de la prenda acabada
De «mejilla a mejilla» alrededor del gorro:
36 (37, 38) cm
Circunferencia de las manoplas:
13,75 (15, 16,25) cm
Longitud de las manoplas:
14 (16,5, 18) cm
Longitud de la bufanda:
94 cm
Anchura de la bufanda:
7,5 cm
MATERIALES
GORRO
Hilo principal:
Color A: 1 ovillo de 85 g (123 m) de hilo Lion Brand Jiffy, 100 % acrílico, gris oscuro (Heather)
Cantidades pequeñas:
Color B: hilo Lion Brand Jiffy, 100 % acrílico, blanco
Color C: hilo Lion Brand Jiffy, 100 % acrílico, negro
Color D: hilo Lion Brand Jiffy, 100 % acrílico, gris topo (Taupe Mist)
Color E: hilo Lion Brand Jiffy, 100 % acrílico, marrón óxido (Rust)
Agujas:
• 1 par de agujas de 3,25 mm
• Marcador de puntos
• Aguja de ganchillo de 2,75 mm
• Aguja de coser
• Un poco de relleno para muñeco

MANOPLAS
Hilo principal:
Color A: 1 ovillo de 85 g (123 m) de hilo Lion Brand Jiffy, 100 % acrílico, gris oscuro (Heather)
Cantidades pequeñas:
Color B: hilo Lion Brand Jiffy, 100 % acrílico, blanco
Color C: hilo Lion Brand Jiffy, 100 % acrílico, negro
Color D: hilo Lion Brand Jiffy, 100 % acrílico, gris topo (Taupe Mist)
Color E: hilo Lion Brand Jiffy, 100 % acrílico, marrón óxido (Rust)
Agujas:
• 4 agujas de 2 mm de doble punta
• 4 agujas de 3,25 mm de doble punta
• Aguja de ganchillo de 2,75 mm
• Aguja de coser

BUFANDA
Hilo principal:
Color D: 1 ovillo de 85 g (123 m) de hilo Lion Brand Jiffy, 100 % acrílico, gris topo (Taupe Mist)
Cantidades pequeñas:
Color F: hilo Lion Brand Jiffy, 100 % acrílico, verde té
Color G: hilo Lion Brand Jiffy, 100 % acrílico, verde manzana
Color H: hilo Lion Brand Jiffy, 100 % acrílico, verde hierba
Color I: hilo Lion Brand Jiffy, 100 % acrílico, verde aguacate
Agujas:
• 1 par de agujas de 3,25 mm
• Aguja de coser
TENSIÓN
16 pts y 25 vueltas = cuadrado de 10 cm en punto de media con agujas de 3,25 mm
19 pts y 28 vueltas = cuadrado de 10 cm en punto inglés pd1 pr1 con agujas de 3,25 mm

GORRO

Con un par de agujas de 3,25 mm y el hilo A, monte 57 (61, 65 pts). Coloque un marcador al principio de la vuelta.

Vueltas 1-6 (6, 6): punto inglés de pd1, pr1.
Vuelta 7: pd.
Vuelta 8: pd6 (6, 6), pd45 (49, 53), pd6 (6, 6).
Rep. vueltas 7 y 8 hasta vuelta 20 (20, 22).
Vuelta 21 (21, 23): pd19 (20, 22), ph, pd1, pd17 (19, 19), ph, pd1, ph, pd19 (20, 22). 61 (65, 69) pts.
Vuelta 22 (22, 24): pd6 (6, 6), pd14 (15, 17), ph, pr1, ph, pr19 (21, 21), ph, pr1, ph, pr14 (15, 17), pd6 (6, 6). 65 (69, 73) pts.
Vuelta 23 (24, 26): pd21 (22, 24), ph, pd1, ph, pd21 (23, 23), ph, pd1, ph, pr21 (22, 24). 69 (73, 77) pts.
Vuelta 24 (24, 26): pd6 (6, 6), pr16 (17, 19), ph, pr1, ph, pr23 (25, 25), ph, pr1, ph, pr16 (17, 19), pd6 (6, 6). 73 (77, 81) pts.
Vuelta 25 (25, 27): pd23 (24, 26), ph, pd1, ph, pd25 (27, 27), ph, pd1, ph, pd23 (24, 26). 77 (81, 85) pts.
Vuelta 26 (26, 28): pd6 (6, 6), pr18 (19, 21), ph, pr1, ph, pr27 (29, 29), ph, pr1, ph, pr18 (19, 21), pd6 (6, 6). 81 (85, 89) pts.
Vuelta 27 (27, 29): pd25 (26, 28), ph, pd1, ph, pd29 (31, 31), ph, pd1, ph, pd25 (26, 28). 85 (89, 93) pts.
Vuelta 28 (28, 30): pd6 (6, 6), pr20 (21, 23), ph, pr1, ph, pr31 (33, 33), ph, pr1, ph, pr20 (21, 23), pd6 (6, 6). 89 (93, 97) pts.
Vuelta 29 (29, 31): pd27 (28, 30), ph, pd1, ph, pd33 (35, 35), ph, pd1, ph, pd27 (28, 30). 93 (97, 101) pts.
Vuelta 30 (30, 32): pd6 (6, 6), pr22 (23, 25), ph, pr1, ph, pr35 (37, 37), ph, pr1, ph, pr22 (23, 25), pd6 (6, 6). 97 (101, 105) pts.
Cierre las orejas (consulte el dibujo de la página 139)
Vuelta 31 (33, 33): pd18 (19, 21), pp siguientes 11 (11, 11) pts, junte las agujas de modo que queden en paralelo, se unan los lados del revés de la labor y las puntas de las agujas estén mirando a la derecha (la aguja de la derecha está atrás), pase el siguiente punto a una aguja de ganchillo; será el punto 30.º (31.º-33.º) de la vuelta.
Introduzca la aguja de ganchillo en el punto 29.º (30.º-32.º) de la aguja derecha y páselo a través del punto que hay en la aguja de ganchillo. Continúe del siguiente modo:
**pase el siguiente pt de la aguja izquierda por el pt que hay en la aguja de ganchillo,
pase el siguiente pt de la aguja derecha por el pt que hay en la aguja de ganchillo.**
Rep. desde ** hasta ** hasta haber pasado el último pt de la aguja derecha por el siguiente punto de la aguja izquierda, pase el siguiente pt de la aguja izquierda por

El gorro se superpondrá a la bufanda y abrigará de forma notable.

el pt que hay en la aguja de ganchillo, pase este punto a la aguja izquierda, ponga las agujas en su posición normal, pase el punto 19.º (20.º-22.º) de la aguja derecha a la aguja izquierda, t2pdj, pd17 (19, 19), pp siguientes 10 (10, 10) pts, junte las agujas de modo que queden en paralelo, se junten los lados del revés de la labor, y las puntas de las agujas estén mirando a la derecha (la aguja de la derecha está atrás), pase el siguiente punto a una aguja de ganchillo; será el punto 47.º (50.º-52.º) de la vuelta.

Introduzca la aguja de ganchillo en el punto 46.º (49.º-51.º) de la aguja derecha y páselo a través del punto que hay en la aguja de ganchillo. Continúe del siguiente modo:

**pase el siguiente pt de la aguja izquierda por el pt que hay en la aguja de ganchillo,

pase el siguiente pt de la aguja derecha por el pt que hay en la aguja de ganchillo.**

Rep. desde ** hasta ** hasta haber pasado el último pt de la aguja derecha por el siguiente punto de la aguja izquierda, pase el siguiente pt de la aguja izquierda por el pt que hay en la aguja de ganchillo, pase este punto a la aguja izquierda, ponga las agujas en su posición normal, t2pdj, dé la vuelta. 55 (59, 63) pts.

Vuelta 32 (32, 34): pp, pr17 (19, 19), t2prj, dé la vuelta. 54 (58, 62) pts.

Vuelta 33 (33, 35): pp, pd17 (19, 19), t2pdj, dé la vuelta. 53 (57, 61) pts.

Rep. vueltas 32 (32, 34) y 33 (33, 35) hasta vuelta 54 (58, 64). 32 (32, 32) pts.

Vuelta 55 (59, 65): pp, *pr1, pd1* rep. desde * hasta * 8 (9, 9) veces, pr1, t2pdj, dé la vuelta. 31 (31, 31) pts.

Vuelta 56 (60, 66): pp, *pd1, pr1* rep. desde * hasta * 8 (9, 9) veces, pd1, t2prj, dé la vuelta. 30 (30, 30) pts.

Rep. vueltas 55 (59, 65) y 56 (60, 66) hasta vuelta 66 (68, 74). 20 (22, 22) pts.

Corte el hilo dejando un trozo lo bastante largo como para entretejerlo. Deje 20 (22, 22) pts en la aguja.

Tira para abrochar el gorro

Una el hilo en la posición del marcador, introduzca la aguja de ganchillo de delante hacia atrás en esa posición y c15.

1mpa en 5.ª c desde aguja, 1mpa en siguiente c, c2, sáltese 2 c, 1mpa en cada una de las siguientes 6c, con el lado del derecho mirando hacia usted introduzca la aguja en el borde de la vuelta de punto inglés 3 y haga 1pb, haga otros 14 (14, 15) pb a lo largo del borde inferior del gorro (aproximadamente en cada vuelta alterna) hasta los pts que hay en la aguja; sacando los pts de la aguja uno por uno, haga 1pb en cada uno de los 20 (22, 22) pts, haga otros 15 (15, 16) pb a lo largo del borde inferior del gorro (aproximadamente en cada vuelta alterna) hasta el borde frontal.

Remate. Entreteja los hilos sueltos.

Ojos (confeccione 2)

El diseño se hace a ganchillo en espiral. No una la labor al final de la vuelta; continúe trabajando.

Con la aguja de ganchillo y B: c4. Una con pra para formar un aro.

Vuelta 1: c1, 9mpa en el aro.

Vuelta 2: 2mpa en cada mpa. 20 c.

Vuelta 3: 1mpa en cada mpa. 20 c.

Acabe con pra en siguiente pt para unir. Remate y deje un trozo de hilo lo bastante largo como para coser.

Borde de los ojos (confeccione 2)

Con la aguja de ganchillo y D: 20c. Una con pra para formar un aro.

Vuelta 1: c1, 1mpa en cada c. 20mpa.

Acabe con pra en siguiente pt para unir. Remate y deje un trozo de hilo lo bastante largo como para coser.

La tira de punto se abrocha con un sencillo botón de ganchillo.

Pupilas (confeccione 2)

Con la aguja de ganchillo y C: c4. Una con pra para formar un aro.

Vuelta 1: 7pb en el aro.

Acabe con pra en siguiente pt para unir. Remate y deje un trozo de hilo lo bastante largo como para coser.

Pico

Con la aguja de ganchillo y E: c7.

1 pra en 2.ª c desde la aguja, 1 pb en 3.ª c desde aguja, 1mpa en 4.ª c desde aguja, 1pa en 5.ª c desde aguja, 1pa en 6.ª c desde aguja. Remate.

Botón

Con la aguja de ganchillo y E: c3. Una con pra para formar un aro.

Vuelta 1: 5 pb en aro.

Acabe con pra en siguiente pt para unir y deje un trozo de hilo de 20 cm para coser el botón en su sitio. Usando una aguja de coser o de ganchillo, haga pasar el pedazo de hilo por los 5 puntos. Tire del hilo con firmeza y asegúrelo. Haga un nudo fuerte.

ACABAR LA PIEZA

1 Cosa las pupilas a los ojos.

2 Con B, borde dos pequeños reflejos en las pupilas con punto satén.

3 Cosa los bordes de los ojos a los ojos.

4 Remeta los extremos sueltos de hilo en los ojos y añada un trozo de relleno, si lo desea.

5 Cosa los ojos al gorro.

6 Cosa el pico al gorro.

7 Cosa el botón al gorro.

8 Entreteja los extremos sueltos.

MANOPLA IZQUIERDA

Puño

Use agujas de doble punta de 2 mm y A, monte 22 (24, 26) pts y divídalas de manera uniforme entre 3 agujas. Una la labor para tejer en redondo con cuidado de no retorcerla. Coloque un marcador al principio de la vuelta.

Vueltas 1-10 (1-12, 1-14): punto inglés pd1, pr1.

Escudete del pulgar

Cambie a agujas de doble punta de 3,25 mm para tejer el resto de la manopla.

Vuelta 1: aum1d, haga pd hasta el final de la vuelta. 23 (25, 27) pts.

Vuelta 2: pd.

Vuelta 3: aum1d, pd1, aum1iz, pd hasta el final de la vuelta. 25 (27, 29) pts.

Vuelta 4: pd.

Vuelta 5: aum1d, pd3, aum1iz, pd hasta el final de la vuelta. 27 (29, 31) pts.

Vuelta 6: pd.

Vuelta 7: aum1d, pd5, aum1iz, pd hasta el final de la vuelta. 29 (31, 33) pts.

Vuelta 8: pd.

Vuelta (9, 9) (solo las tallas más grandes): aum1d, pd7, aum1iz, pd hasta el final de la vuelta. (33, 35) pts.

Vuelta 9 (10, 10): pd1, deje en espera 7 (9, 9) puntos del pulgar empleando una hebra de hilo sobrante y vuelva a unir la labor para tejer los puntos de la mano en redondo, pd21 (23, 25). 22 (24, 26) pts.

Vueltas 11-12 (solo las dos tallas más grandes): pd.

Vuelta 10 (13, 13): pd1 (2, 2), ph, pd1, ph, pd7 (7, 7), ph, pd1, ph, pd12 (13, 15). 26 (28, 30) pts.

Vuelta 11 (14, 14): pd2 (3, 3), ph, pd1, ph, pd9 (9, 9), ph, pd1, ph, pd13 (14, 16). 30 (32, 34) pts.

Vuelta 12 (15, 15): pd3 (4, 4), ph, pd1, ph, pd11 (11, 11), ph, pd1, ph, pd14 (15, 17). 34 (36, 38) pts.

Vuelta 13 (16, 16): pd4 (5, 5), ph, pd1, ph, pd13 (13, 13), ph, pd1, ph, pd15 (16, 18). 38 (40, 42) pts.

Cierre las orejas (consulte los dibujos de la página 139)

Vuelta 14 (17, 17): pd1 (2, 2), pp siguientes 4 pts, junte las agujas de modo que queden en paralelo y se junten los lados del revés de la labor, y las puntas de las agujas estén mirando a la derecha (la aguja de la derecha está atrás), pase el siguiente punto de la aguja de tejer izquierda a una aguja de ganchillo; será el punto 6.º (7.º, 7.º) punto de la vuelta.

Introduzca la aguja de ganchillo en el punto 5.º (6.º, 6.º) y páselo por el punto que hay en la aguja de ganchillo. Continúe del modo siguiente:

introduzca la aguja de ganchillo en el siguiente pt. de la aguja de tejer izquierda y páselo por el que está en la aguja de ganchillo, haga que pase el siguiente punto de la aguja derecha por el que está en la aguja de ganchillo.

rep desde ** hasta ** hasta haber hecho pasar por el siguiente punto de la aguja izquierda todos los puntos de la aguja derecha, haga pasar el siguiente pt de la aguja izquierda por el punto que ya está en la aguja de ganchillo,

Cosa el pico en el centro del gorro con los ojos a los lados.

pase este punto a la aguja de tejer izquierda, vuelva a colocar las agujas en la posición normal, pd7 (7, 7), pp siguientes 4 pts.

Repita el mismo proceso que para la primera oreja hasta que haya pasado por el siguiente punto de la aguja izquierda todos los puntos de la aguja derecha, pase el siguiente pt de la aguja izquierda por el pt que ya está en la aguja de ganchillo, pase de nuevo este punto a la aguja izquierda, pd12 (13, 15). 22 (24, 26 pts.).

Vueltas 15-22 (18-26, 18-28): pd.

Cierre la parte superior

Vuelta 23 (27,29): t2pdj hasta el final de la vuelta, 11 (12, 13) pts.

Vuelta 24 (28-30): pd.

Vuelta 25 (29-31): t2pdj hasta el final de la vuelta (si le queda solo un punto al final de la vuelta, téjalo). 6 (6, 7) pts.

Deje un extremo lo bastante largo como para entretejer. Haga pasar el hilo por todos los puntos y sáquelos de las agujas. Tire del hilo con firmeza y asegúrelo. Entreteja los extremos sueltos.

Pulgar

Pase los 7 (9, 9) puntos que había dejado en espera a unas agujas de doble punta de 3,25 mm. Vuelva a unir la labor y coja un punto adicional en la esquina donde se encuentran la parte de la palma y el escudete. 8 (10, 10 pts.)

Vueltas 1-6 (1-6, 1-8): pd.

Vueltas 7 (7-9): t2pdj hasta el final de la vuelta, 4 (5, 5) pts. Remate como en el caso de la parte de la palma. Cierre la parte superior.

MANOPLA DERECHA

Puño

Use agujas de doble punta de 2 mm y A, monte 22 (24, 26) pts y divídalos de manera uniforme entre 3 agujas. Una la labor para tejer en redondo con cuidado de no retorcerla. Coloque un marcador al principio de la vuelta.

Vueltas 1-10 (1-12, 1-14): punto inglés pd1, pr1.

Escudete del pulgar

Cambie a agujas de doble punta de 3,25 mm para tejer el resto de la manopla.

Vuelta 1: aum1d, haga pd hasta el final de la vuelta. 23 (25, 27) pts.

Vuelta 2: pd.

Vuelta 3: aum1d, pd1, aum1iz, pd hasta el final de la vuelta. 25 (27, 29) pts.

Vuelta 4: pd.

Vuelta 5: aum1d, pd3, aum1iz, pd hasta el final de la vuelta. 27 (29, 31) pts.

Vuelta 6: pd.

Los ojos deben encajar perfectamente en la parte superior de las manoplas.

Vuelta 7: aum1d, pd5, aum1iz, pd hasta el final de la vuelta. 29 (31, 33) pts.

Vuelta 8: pd.

Vuelta (9, 9) (solo las dos tallas más grandes): aum1d, pd7, aum1iz, pd hasta el final de la vuelta. (33, 35) pts.

Vuelta 9 (10, 10): pd1, deje en espera 7 (9, 9) puntos del pulgar empleando una hebra de hilo sobrante y vuelva a unir la labor para tejer los puntos de la mano en redondo, pd21 (23, 25). 22 (24, 26) pts.

Vueltas 11-12 (solo las dos tallas más grandes): pd.

Vuelta 10 (13, 13): pd12 (13, 15), ph, pd1, ph, pd7 (7, 7), ph, pd1, ph, pd1 (2, 2). 26 (28, 30) pts.

Vuelta 11 (14, 14): pd13 (14, 16), ph, pd1, ph, pd9 (9, 9), ph, pd1, ph, pd2 (3, 3). 30 (32, 34) pts.

Vuelta 12 (15, 15): pd14 (15, 17), ph, pd1, ph, pd11 (11, 11), ph, pd1, ph, pd3 (4, 4). 34 (36, 38) pts.

Vuelta 13 (16, 16): pd15 (16, 18), ph, pd1, ph, pd13 (13, 13), ph, pd1, ph, pd4 (5, 5). 38 (40, 42) pts.

Cierre las orejas

Vuelta 14 (17, 17): pd12 (13, 15), pp siguientes 4 pts, junte las agujas de modo que estén en paralelo y se junten los lados del revés de la labor, y las puntas de las agujas estén mirando a la derecha (la aguja de la derecha está atrás), pase el siguiente punto de la aguja de tejer izquierda a una aguja de ganchillo; será el punto 17.º (18.º, 20.º) de la vuelta.

Introduzca la aguja de ganchillo en el punto 16.º (17.º, 19.º) y páselo por el punto que hay en la aguja de ganchillo . Continúe del modo siguiente:

**introduzca la aguja de ganchillo en el siguiente pt. de la aguja de tejer izquierda y páselo por el que está en la aguja de ganchillo,

haga pasar el siguiente punto de la aguja derecha por el que está en la aguja de ganchillo.**

rep desde ** hasta ** hasta haber hecho pasar por el siguiente punto de la aguja izquierda todos los puntos de la aguja derecha, haga pasar el siguiente pt de la aguja izquierda por el punto que ya está en la aguja de ganchillo, pase este punto a la aguja de tejer izquierda, vuelva a colocar las agujas en la posición normal, pd7 (7, 7), pp siguientes 4 pts.

Repita el mismo proceso que para la primera oreja hasta haber pasado por el siguiente punto de la aguja izquierda todos los puntos de la aguja derecha, pase el siguiente pt de la aguja izquierda por el pt que ya está en la aguja de ganchillo, pase de nuevo este punto a la aguja izquierda, pd1 (2, 2). 22 (24, 26) pts.

Vueltas 15-22 (18-26, 18-28): pd.

Cierre la parte superior

Vuelta 23 (27,29): t2pdj hasta el final de la vuelta, 11 (12, 13) pts.

Vuelta 24 (28-30): pd.

Vuelta 25 (29-31): t2pdj hasta el final de la vuelta (si le queda solo un punto al final de la vuelta, téjalo). 6 (6, 7) pts.

Acabe la pieza como en el caso de la manopla izquierda. Cierre la parte superior.

Pulgar

Pase los 7 (9, 9) puntos que había dejado en espera a unas agujas de doble punta de 3,25 mm. Vuelva a unir la labor y coja un punto adicional en la esquina donde se encuentran la parte de la palma y el escudete. 8 (10, 10) pts.

Vueltas 1-6 (1-6, 1-8): pd.

Vuelta 7 (7-9): t2pdj hasta el final de la vuelta. 4 (5, 5) pts.

Remate como en el caso de la manopla izquierda. Cierre la parte superior.

Ojos (confeccione 2)

Con la aguja de ganchillo y D: c4. Una con pra para formar un aro.

Vuelta 1: c1, 9pa en el aro. 10pa.

Acabe con pra en siguiente pt para unir. Remate y deje un trozo de hilo lo bastante largo como para coser.

Borde de los ojos (confeccione 2)

Con la aguja de ganchillo y D: 4c. Una con pra para formar un aro.

Vuelta 1: c2, 13pa en cada c. 14pa.

Cosa las hojas como se muestra aquí; así, el búho sabio tendrá un árbol donde jugar.

Vuelta 2: pd1, aum1, pd2, aum1, pd1. 6 pts.
Vuelta 3: pd.
Vuelta 4: pd1, aum1, pd4, aum1, pd1. 8 pts.
Vuelta 5: pt bobo.
Vuelta 6: pd1, t2pdj, pd6, t2pdj, pd1. 10 pts.
Vueltas 7-9: pt bobo.
Vuelta 10: pd1, t2pdj, pd4, t2pdj, pd1. 8 pts.
Vueltas 11-14: pt bobo.
Vuelta 15: pd1, t2pdj, pd2, t2pdj, pd1. 6 pts.
Vueltas 16-20: pt bobo.
Vuelta 21: pd2, t2pdj, pd2. 5 pts.
Vueltas 22-24: pd.
Vuelta 25: t2pdj, pd1, t2pdj. 3 pts.
Vuelta 26: pd.
Deje un extremo de hilo lo bastante largo como para luego entretejerlo. Páselo por los 4 puntos y sáquelos de la aguja. Tire firmemente y asegúrelo con un nudo fuerte.

Hojas pequeñas (confección 1 de cada en F, G, H e I)

Monte 4 pts. dejando un trozo de hilo de 20 cm para coser la hoja en su sitio.
Vuelta 1: pd.
Vuelta 2: pd1, aum1, pd2, aum1, pd1. 6 pts.
Vuelta 3: pd.
Vuelta 4: pd1, aum1, pd4, aum1, pd1. 8 pts.
Vueltas 5-10: pt bobo.
Vuelta 11: pd1, t2pdj, pd2, t2pdj, pd1. 6 pts.
Vueltas 12-15: pt bobo.
Vuelta 16: pd1, *t2pdj* dos veces, pd1. 4 pts.
Vueltas 17-20: pt bobo.
Vuelta 21: pd1, t2pdj, pd1. 3 pts.
Vuelta 22: pd.
Acabe como en el caso de las hojas medianas.

Hojas muy pequeñas (confección 2 en G)

Monte 3 pts. dejando un extremo de hilo de 20 cm para coser la hoja en su sitio.
Vuelta 1: pd.
Vuelta 2: pd1, aum1, pd1, aum1, pd1. 5 pts.
Vuelta 3: pd.
Vuelta 4: pd1, aum1, pd3, aum1, pd1. 7 pts.
Vueltas 5-7: pt bobo.
Vuelta 8: pd1, t2pdj, pd6, t2pdj, pd1. 5 pts.
Vuelta 9: pd.
Vuelta 10: t2pdj, pd1, t2pdj. 3 pts.
Vuelta 11: pd.
Remate como en el caso de las 2 hojas medianas.

ACABAR LA PIEZA

1 Cosa las hojas a la bufanda.
2 Entreteja los extremos sueltos.

Acabe con pra en siguiente pt para unir. Remate y deje un trozo de hilo lo bastante largo como para coser.

Pupilas (confección 2)

Con la aguja de ganchillo y C: c4. Una con pra para formar un aro.
Vuelta 1: 7pb en el aro.
Acabe con pra en siguiente pt para unir.
Remate y deje un trozo de hilo lo bastante largo como para coser.

Pico

Con la aguja de ganchillo y E: c5.
Pra en 2.ª c desde aguja, pb en 3.ª c desde aguja, mpa en 4.ª c desde aguja. Remate.

ACABAR LA PIEZA

1 Cosa las pupilas a los ojos.
2 Con B, borde dos pequeños reflejos en las pupilas con punto satén.
3 Cosa los ojos sobre el borde de los ojos.
4 Cosa los ojos a las manoplas.
5 Cosa el pico a las manoplas.
6 Entreteja los extremos sueltos.

BUFANDA

Con un par de agujas de 3,25 mm y D, monte 20 pts.
Vueltas 1-140: punto inglés pd1, pr1.
Remate. Entreteja los extremos sueltos.

Hojas (confección 10)

Hojas grandes (confección 1 en G y otra F)

Monte 8 pts. dejando un trozo de hilo de 20 cm para coser la hoja en su sitio.
Vuelta 1: pd.
Vuelta 2: pd1, aum1, pd6, aum1, pd1. 10 pts.
Vuelta 3: pd.
Vuelta 4: pd1, aum1, pd8, aum1, pd1. 12 pts.
Vueltas 5-15: pt bobo.
Vuelta 16: pd1, t2pdj, pd6, t2pdj, pd1. 10 pts.
Vueltas 17-20: pt bobo.
Vuelta 21: pd1, t2pdj, pd4, t2pdj, pd1. 8 pts.
Vueltas 22-25: pt bobo.
Vuelta 26: pd1, t2pdj, pd2, t2pdj, pd1. 6 pts.
Vueltas 27-28: pt bobo.
Vuelta 29: pd1, *t2pdj* dos veces, pd1. 4 pts.
Vuelta 30: pd.
Deje un extremo de hilo lo bastante largo como para luego entretejerlo. Páselo por los 4 puntos y sáquelos de la aguja. Tire firmemente y asegúrelo con un nudo fuerte.

Hojas medianas (confección 1 en I y otra H)

Monte 4 pts. dejando un trozo de hilo de 20 cm para coser la hoja en su sitio.
Vuelta 1: pd.

monstruos
adorables

monstruito

Los minicuernos, los ojos y las uñas de este encantador conjunto de gorro, manoplas y patucos harán las delicias de su pequeño monstruito. El diseño es todo para punto, a excepción de algunas espirales a ganchillo.

GORRO, MANOPLAS Y PATUCOS
NIVEL: intermedio
TALLAS
6-12 meses (12-24 meses, 2-3 años)
Medidas de la prenda acabada
De «mejilla a mejilla» alrededor del gorro:
36 (37, 38) cm
Circunferencia de las manoplas:
13,75 (15, 16,25) cm
Longitud de las manoplas:
14 (16,5, 18) cm
Circunferencia de los patucos:
13,75 (15, 16,25) cm
Patucos de talón a punta de los dedos:
7,5 (9, 11) cm
MATERIALES
GORRO
Hilo principal:
Color A: 1 ovillo de 85 g (123 m) de hilo Lion Brand Jiffy, 100 % acrílico, morado
Cantidades pequeñas:
Color B: hilo Lion Brand Jiffy, 100 % acrílico, rosa (Blossom)
Color C: hilo Lion Brand Jiffy, 100 % acrílico, naranja (Fisherman)
Color D: hilo Lion Brand Jiffy, 100 % acrílico, negro
Color E: hilo Lion Brand Jiffy, 100 % acrílico, amarillo (Honey Bee)
Agujas:
• 1 par de agujas de 3,25 mm
• Aguja circular de 3,25 mm
• Marcador de puntos

• 4 agujas de doble punta de 3,25 mm
• Aguja de ganchillo de 2,75 mm
• Aguja de coser
• Un poco de relleno para muñecos
MANOPLAS
Hilo principal:
Color A: 1 ovillo de 85 g (123 m) de hilo Lion Brand Jiffy, 100 % acrílico, morado
Cantidades pequeñas:
Color B: hilo Lion Brand Jiffy, 100 % acrílico, rosa (Blossom)
Color D: hilo Lion Brand Jiffy, 100 % acrílico, negro
Agujas:
• 4 agujas de 2 mm de doble punta
• 4 agujas de 3,25 mm de doble punta
• Aguja de ganchillo de 2,75 mm
• Aguja de coser
PATUCOS
Hilo principal:
Color A: 1 ovillo de 85 g (123 m) de hilo Lion Brand Jiffy, 100 % acrílico, morado
Cantidades pequeñas:
Color E: hilo Lion Brand Baby's First, 100 % acrílico, amarillo (Honey Bee)
Agujas:
• 4 agujas de 3,25 mm de doble punta
• Aguja de ganchillo de 2,75 mm
• Aguja de coser
TENSIÓN
16 pts y 25 vueltas = cuadrado de 10 cm en punto de media con agujas de 3,25 mm
19 pts y 28 vueltas = cuadrado de 10 cm en punto inglés pd1 pr1 con agujas de 3,25 mm

GORRO

Con un par de agujas de 3,25 mm y el hilo A, monte 57 (61, 65 pts.)
Vueltas 1-6 (6, 6): punto inglés de pd1, pr1.
Vueltas 7-30 (30, 32): haga punto de media comenzando con una vuelta de pd.
Vuelta 31 (31, 33): pd18 (19, 21), t2pdj, pd17 (19, 19), t2pdj, dé la vuelta. 55 (59, 63) pts.
Vuelta 32 (32, 34): pp, pr17 (19, 19), t2prj, dé la vuelta. 54 (58, 62) pts.
Vuelta 33 (33, 35): pp, pd17 (19, 19), t2pdj, dé la vuelta. 53 (57, 61) pts.
Rep. las vueltas 32 (32, 34) y 33 (33, 35) hasta la vuelta 54 (56, 62). 32 (34, 34) pts.
Vuelta 55 (57, 63): pp, *pr1, pd1* rep. desde * hasta * 8 (9, 9) veces, pr1, t2pdj, dé la vuelta. 31 (33, 33) pts.
Vuelta 56 (58, 64): pp, *pd1, pr1* rep. desde * hasta * 8 (9, 9) veces, pd1, t2prj, dé la vuelta. 30 (32, 32) pts.
Rep. las vueltas 55 (57, 63) y 56 (58, 64) hasta la vuelta 66 (68, 74). 20 (22, 22) pts.

Cuello

Cambie a un par de agujas circulares de 3,25 mm. Coloque un marcador al principio de la vuelta.
Vuelta 67 (69, 75): pp, *pr1, pd1* rep. desde * hasta * 8 (9, 9) veces, pr1, t2pdj, coja 13 (12, 12) pts por un lado del gorro, monte 7 (7, 7) pts, una una labor para tejer en redondo, con cuidado de no retorcerla, coja 13 (12, 12) pts por el otro lado del gorro. 52 (52, 52) pts.
Vueltas 68-77 (70-81, 76-89): punto inglés de pd1, pr1.
Vuelta 78 (82, 90): pd2 (3, 3), ph, pd2, ph, pd11 (11, 11), ph, pd2, ph, pd11 (11, 11), ph, pd2, ph, pd11 (11, 11), ph, pd2, ph, pd9 (8, 8). 60 (60, 60) pts.
Vuelta 79 (83, 91): pd3 (4, 4), ph, pd2, ph, pd13 (13, 13), ph, pd2, ph, pd13 (13, 13), ph, pd2, ph, pd13 (13, 13), ph, pd2, ph, pd10 (9, 9). 68 (68, 68) pts.
Vuelta 80 (84, 92): pd4 (5, 5), ph, pd2, ph, pd15 (15, 15), ph, pd2, ph, pd15 (15, 15), ph, pd2, ph, pd15 (15, 15), ph, pd2, ph, pd11 (10, 10). 76 (76, 76) pts.
Vuelta 81 (85, 93): pd5 (6, 6), ph, pd2, ph, pd17 (17, 17), ph, pd2, ph, pd17 (17, 17), ph, pd2, ph, pd17 (17, 17), ph, pd2, ph, pd12 (11, 11). 84 (84, 84) pts.
Vuelta 82 (86, 94): pd6 (7, 7), ph, pd2, ph, pd19 (19, 19), ph, pd2, ph, pd19 (19, 19), ph, pd2, ph, pd19 (19, 19), ph, pd2, ph, pd13 (12, 12). 92 (92, 92) pts.
Vuelta 83 (87, 95): pd7 (8, 8), ph, pd2, ph, pd21 (21, 21), ph, pd2, ph, pd21 (21, 21), ph, pd2, ph, pd21 (21, 21), ph, pd2, ph, pd14 (13, 13). 100 (100, 100) pts.
Vuelta (88, 96) (solo las dos tallas más grandes): pd (9, 9), ph, pd2, ph, pd (23, 23), ph, pd2, ph, pd (23, 23), ph, pd2, ph, pd (23, 23), ph, pd2, ph, pd (14, 14). (108, 108) pts.

Cosa los cuernos a intervalos regulares en la parte superior del gorro.

Los dientecillos asoman por la parte frontal del gorro.

Vuelta (89, 97) (solo las dos tallas más grandes): pd (10, 10), ph, pd2, ph, pd (25, 25), ph, pd2, ph, pd (25, 25), ph, pd2, ph, pd (25, 25), ph, pd2, ph, pd (15, 15). (116, 116) pts.

Vuelta (98) (solo la talla más grande): pd (11), ph, pd2, ph, pd (27), ph, pd2, ph, pd (27), ph, pd2, ph, pd (27), ph, pd2, ph, pd (16). (124) pts.

Vuelta (99) (solo la talla más grande): pd (12), ph, pd2, ph, pd (29), ph, pd2, ph, pd (29), ph, pd2, ph, pd (29), ph, pd2, ph, pd (17). (132) pts.

Vueltas 84-89 (90-95, 100-105) (todas las tallas): punto inglés de pd1, pr1.
Remate y entreteja los hilos.

Ojos (confeccione 2)

El diseño se hace a ganchillo en espiral. No una la labor al final de la vuelta; continúe trabajando.
Con la aguja de ganchillo y B: c4. Una con pra para formar un aro.

Vuelta 1: 7pb en el aro.
Vuelta 2: 2pb en cada pb. 14 pb.
Vuelta 3: 14pb.
Vuelta 4: 14pb.
Acabe con pra en siguiente pt para unir.
Remate y deje un trozo de hilo lo bastante largo como para coser.

Dientes (confeccione 2)

Con la aguja de ganchillo y C.
Vuelta 1: c6, 1mpa en 3.ª c desde aguja, 1mpa en 4.ª c desde aguja, 1mpa en 5.ª c desde aguja, 1mpa en 6.ª c desde aguja.
Remate y deje un extremo de hilo lo bastante largo como para coser.

Cuernos (confeccione 3)

2 cuernos grandes

Use 4 agujas de 3,25 mm de doble punta e hilo E, monte 10 pts y divídalos de manera uniforme entre 3 agujas. Una la labor para tejer en redondo con cuidado de no retorcerla. Coloque un marcador al comienzo de la vuelta.
Vueltas 1-2: pd.
Vuelta 3: *pd1, t2pdj* 3 veces, pd1. 7 pts.
Vueltas 4-5: pd.
Vuelta 6: *pd1, t2pdj* 2 veces, pd1. 5 pts.
Vueltas 7-8: pd.
Vuelta 9: t2pdj, pd1, t2pdj. 3 pts.
Vuelta 10: pd.
Deje un extremo lo bastante largo como para entretejerlo. Pase el hilo por los 3 puntos y sáquelos de la aguja. Tire del hilo con firmeza y asegúrelo.

1 cuerno pequeño

Use 4 agujas de 2 mm de doble punta e hilo E, monte 10 pts y divídalos de manera uniforme entre 3 agujas. Una la labor para tejer en redondo con cuidado de no retorcerla. Coloque un marcador al comienzo de la vuelta.
Vuelta 1: pd.
Vuelta 2: *pd1, t2pdj* 3 veces, pd1. 7 pts.
Vuelta 3: pd.
Vuelta 4: *pd1, t2pdj* 2 veces, pd1. 5 pts.
Vuelta 5: pd.
Vuelta 6: t2pdj, pd1, t2pdj. 3 pts.
Vuelta 7: pd.
Remate como en el caso de los 2 cuernos grandes.

Cada manopla tiene su propio ojo de monstruito.

ACABAR LA PIEZA

1 Con D, borde 2 pequeñas pupilas en punto satén.
2 Remeta los extremos de hilo sueltos por debajo de los ojos y añada un poco de relleno, si lo desea.
3 Cosa los ojos al gorro.
4 Cosa los dientes al gorro.
5 Remeta los extremos de hilo sueltos por dentro de los cuernos y añada un poco de relleno, si lo desea.
6 Cosa los cuernos al gorro.
7 Entreteja los hilos sueltos.

MANOPLAS

(CONFECCIONE 2)

Puño

Use agujas de doble punta de 2 mm y el color A, monte 22 (24, 26) pts y divídalos de manera uniforme entre 3 agujas. Una la labor para tejer en redondo con cuidado de no retorcerla. Coloque un marcador al comienzo de la vuelta.

Vueltas 1-10 (1-12, 1-14): punto inglés de pd1, pr1.

Escudete del pulgar

Cambie a agujas de doble punta de 3,25 mm para hacer el resto de la manopla.

Vuelta 1: aum1d, pd hasta final de vuelta. 23 (25, 27) pts.
Vuelta 2: pd.
Vuelta 3: aum1d, pd1, aum1iz, pd hasta final de vuelta. 25 (27, 29) pts.
Vuelta 4: pd.
Vuelta 5: aum1d, pd3, aum1iz, pd hasta final de vuelta. 27 (29, 31) pts.
Vuelta 6: pd.
Vuelta 7: aum1d, pd5, aum1d, pd hasta final de vuelta. 29 (31, 33) pts.
Vuelta 8: pd.
Vuelta 9 (9, 9) (solo las dos tallas más grandes): aum1d, pd7, aum1iz, pd hasta final de vuelta. (33, 35) pts.
Vuelta 9 (10, 10): pd1, deje en espera 7 (9, 9) pts del pulgar usando una hebra de hilo sobrante y vuelva a unir para hacer los puntos de la mano en redondo, pd21 (23, 25). 22 (24, 26) pts.

Vueltas 10-22 (11-26, 11-28): pd.
Cierre la parte superior.
Vuelta 23 (27, 29): t2pdj hasta acabar la vuelta. 11 (12, 13) pts.
Vuelta 24 (28, 30): pd.
Vuelta 25 (29, 31): t2pdj hasta el final de la vuelta (si al llegar al final de la vuelta le queda un punto, téjalo). 6 (6, 7) pts.
Deje un extremo lo bastante largo como para entretejerlo. Pase el hilo por todos los puntos y sáquelos de la aguja. Tire del hilo con firmeza y asegúrelo. Entreteja los hilos sueltos.

Pulgar

Pase los 7 (9, 9) puntos que había dejado en espera a 3 agujas de doble punta de 3,25 mm. Vuelva a unir

la labor y coja un punto adicional en la esquina donde la mano se encuentra con el escudete. Coloque un marcador al comienzo de la vuelta. 8 (10, 10) pts.
Vueltas 1-6 (1-6, 1-8): pd.
Vuelta 7 (9, 9): t2pdj hasta el final de la vuelta. 4 (5, 5) pts. Remate como en la parte de la mano. Cierre la parte superior.

Ojos (confeccione 2)

Con la aguja de ganchillo y B: c4. Una con pra para formar un aro.
Vuelta 1: c2, 13pa. 14pa en aro.
Acabe con pra en siguiente pt para unir. Remate y deje un extremo lo bastante largo como para coser.

ACABAR LA PIEZA

1 Borde las pupilas en punto satén con D.
2 Cosa los ojos a las manoplas.
3 Entreteja los extremos sueltos.

PATUCOS

(CONFECCIONE 2)

Use agujas de doble punta de 3,25 mm, monte 24 (26, 28) pts y divídalos de manera uniforme entre 3 agujas. Una la labor para tejer en redondo con cuidado de no retorcerla. Coloque un marcador al principio de la vuelta.
Vueltas 1-10 (1-12, 1-14): punto inglés pd1, pr1.
Vueltas 11-13 (13-15, 15-17): pd.

Talón

Vuelta 14 (16, 18): pd12 (13, 14), dé la vuelta.
Vuelta 15 (17, 19): pr12 (13, 14), dé la vuelta.
Rep. vueltas 14 (16, 18) y 15 (17, 19) hasta la vuelta 19 (21, 23).

¡Hasta los patucos tienen unas pequeñas garras!

Vuelta 20 (22, 24): pd2 t2pdj, pd4 (5, 6), t2pdj, dé la vuelta. 22 (24, 26) pts.
Vuelta 21 (23, 25): pp, pr4 (5, 6), t2prj, dé la vuelta. 21 (23, 25) pts.
Vuelta 22 (24, 26): pp, pd4 (5, 6), t2pdj, dé la vuelta. 20 (22, 24) pts.
Vuelta 23 (25, 27): pp, pr4 (5, 6), t2prj, dé la vuelta. 19 (21, 23) pts.
Trabaje en redondo a partir de ahora.
Vuelta 24 (26, 28): pp, pd4 (5, 6), t2pdj, coja 3 pts en la parte inferior del talón, pd12 (13, 14). 21 (23, 25) pts.
Vuelta 25 (27, 29): coja 3 pts en la parte superior del talón, pd21 (23, 25). 24 (26, 28) pts.
Vueltas 26-40 (28-46, 30-52): pd.
Cierre la parte de los dedos
Vuelta 41 (47, 53): t2pdj hasta el final de la vuelta. 12 (13, 14) pts.
Vuelta 42 (48, 54): pd.
Vuelta 43 (49, 55): (si está disminuyendo y al final de la vuelta solo le queda un punto, téjalo). t2pdj hasta el final de la vuelta 6 (7, 7) pts.
Acabe la pieza como en el caso de las manoplas. Cierre la parte superior.

Garras (confeccione 6)

Con la aguja de ganchillo y E: c5. Pra en 2.ª c desde aguja, pb en 3.ª c desde aguja, mpa en 4.ª c desde aguja. Remate dejando un extremo lo bastante largo como para coser.

ACABAR LA PIEZA

1 Cosa las uñas a los patucos.
2 Entreteja los extremos.

elfo alienígena

Las extraordinarias orejas y el diseño de trenza de la parte superior del gorro hacen que el elfo alienígena sea verdaderamente original. ¡Las manoplas con tres dedos harán que su hijo parezca de otro planeta!

GORRO Y MANOPLAS
NIVEL: avanzado
TALLAS
6-12 meses (12-24 meses, 2-3 años)
Medidas de la prenda acabada
De «mejilla a mejilla» alrededor del gorro:
36 (37, 38) cm
Circunferencia de las manoplas:
13,75 (15, 16,25) cm
Longitud de las manoplas:
14 (16,5, 18) cm
MATERIALES
GORRO
Hilo principal:
Color A: 1 ovillo de 85 g (123 m) de hilo Lion Brand Jiffy, 100 % acrílico, verde manzana
Cantidades pequeñas:
Color B: hilo Lion Brand Jiffy, 100 % acrílico, beis (Oat)
Agujas:
• 1 par de agujas de 3,25 mm
• Aguja circular de 3,25 mm
• Marcador de puntos
• Aguja auxiliar
• Aguja de coser
• Un poco de relleno para muñeco
MANOPLAS
Hilo principal:
Color A: 1 ovillo de 85 g (123 m) de hilo Lion Brand Jiffy, 100 % acrílico, verde manzana
Cantidad pequeña:
Color B: hilo Lion Brand Jiffy, 100 % acrílico, beis (Oat)
Agujas:
• 4 agujas de 2 mm de doble punta
• 4 agujas de 3,25 mm de doble punta
• Aguja de coser
TENSIÓN
16 pts y 25 vueltas = cuadrado de 10 cm en punto de media con agujas de 3,25 mm
19 pts y 28 vueltas = cuadrado de 10 cm en punto inglés pd1 pr1 con agujas de 3,25 mm

GORRO

Con un par de agujas de 3,25 mm y el hilo A, monte 57 (61, 65 pts).

Vueltas 1-6 (6, 6): punto inglés de pd1, pr1.

Vuelta 7 (7, 7): pd.

Vuelta 8 (8, 8): pr.

Vuelta 9 (9, 9): pd24 (26, 28), pp siguientes 2 pts a aaux y pasarla atrás, pd2, pd2 de aaux, pd1, pp siguientes 2 pts a aaux y pasarla delante, pd2 pd2 de auux, pd24 (26, 28).

Vuelta 10 (10, 10): pr.

Vuelta 11 (11, 11): pd22 (24, 26), pp siguientes 2 pts a aaux y pasarla atrás, pd2, pd2 de auux, pd5, pp siguientes 2 pts a aaux y pasarla delante, pd2 pd2 de auux, pd22 (24, 26).

Vuelta 12 (12, 12): pr.

Vuelta 13 (13, 13): pd20 (22, 24), pp siguientes 2 pts a aaux y pasarla atrás, pd2, pd2 de auux, pd9, pp siguientes 2 pts a aaux y pasarla delante, pd2 pd2 de auux, pd20 (22, 24).

Vuelta 14 (14, 14): pr.

Vuelta 15 (15, 15): pd18 (20, 22), pp siguientes 2 pts a aaux y pasarla atrás, pd2, pd2 de auux, pd13, pp siguientes 2 pts a aaux y pasarla delante, pd2 pd2 de auux, pd18 (20, 22).

Diseño de trenza de 2 por 2 en la parte frontal del gorro.

Vuelta 16 (16, 16): pr.
Vuelta 17 (17, 17): pd24 (26, 28), pp siguientes 2 pts a aaux y pasarla atrás, pd2, pd2 de auux, pd1, pp siguientes 2 pts a aaux y pasarla delante, pd2 pd2 de auux, pd24 (26, 28).
Vuelta 18 (18, 18): pr.
Vuelta 19 (19, 19): pd22 (24, 26), pp siguientes 2 pts a aaux y pasarla atrás, pd2, pd2 de auux, pd5, pp siguientes 2 pts a aaux y pasarla delante, pd2 pd2 de auux, pd22 (24, 26).
Vuelta 20 (20, 20): pr.
Vuelta 21 (21, 21): pd20 (22, 24), pp siguientes 2 pts a aaux y pasarla atrás, pd2, pd2 de auux, pd9, pp siguientes 2 pts a aaux y pasarla delante, pd2 pd2 de auux, pd20 (22, 24).

Vuelta 22 (22, 22): pr.
Vuelta 23 (23, 23): pd18 (20, 22), pp siguientes 2 pts a aaux y pasarla atrás, pd2, pd2 de auux, pd13, pp siguientes 2 pts a aaux y pasarla delante, pd2 pd2 de auux, pd18 (20, 22).
Vuelta 24 (24, 24): pr.
Vuelta 25 (25, 25): pd24 (26, 28), pp siguientes 2 pts a aaux y pasarla atrás, pd2, pd2 de auux, pd1, pp siguientes 2 pts a aaux y pasarla delante, pd2 pd2 de auux, pd24 (26, 28).
Vuelta 26 (26, 26): pr.
Vuelta 27 (27, 27): pd22 (24, 26), pp siguientes 2 pts a aaux y pasarla atrás, pd2, pd2 de auux, pd5, pp siguientes 2 pts a aaux y pasarla delante, pd2 pd2 de auux, pd22 (24, 26).

Cosa las orejas en la mitad de los laterales del gorro.

Vuelta 28 (28, 28): pr.

Vuelta 29 (29, 29): pd20 (22, 24), pp siguientes 2 pts a aaux y pasarla atrás, pd2, pd2 de auux, pd*, pp siguientes 2 pts a aaux y pasarla delante, pd2, pd2 de auux, pd20 (22, 24).

Vuelta 30 (30, 30): pr.

Vuelta 31 (solo la medida más grande): pr.

Vuelta 32 (32, 34): pp, pd17 (19, 19), t2prj, dé la vuelta, 54 (58, 62) pts.

Vuelta 33 (33, 35): pp, pd17 (19, 19), t2pdj, dé la vuelta, 53 (57, 61) pts.

Rep vueltas 32 (32, 24) y 33 (33, 35) hasta vuelta 54 (56, 62). 32 (34, 34) pts.

Vuelta 55 (57, 63): pp, *pr1, pd1* rep desde * hasta * 8 (9, 9) veces, pr1, t2pdj, dé la vuelta, 31 (33, 33) pts.

Vuelta 56 (58, 64): pp, *pd1, pr1* rep desde * hasta * 8 (9, 9) veces, pd1, t2prj, dé la vuelta, 30 (32, 32) pts.

Rep vueltas 55 (57, 63) y 56 (58, 64) hasta vuelta 66 (68, 74). 20 (22, 22) pts.

Cuello

Cambie a agujas circulares de 3,25 mm y B. Coloque un marcador al principio de la vuelta.

Vuelta 67 (69, 75): pp, *pr1, pd1* rep. desde * hasta * 8 (9, 9) veces, pr1, t2pdj, coja 13 (12, 12) pts por un lado del gorro, monte 7 (7, 7) pts, una la labor para tejer en redondo, con cuidado de no retorcerla, coja 13 (12, 12) pts por el otro lado del gorro. 52 (52, 52) pts.

Vueltas 68-77 (70-81, 76-89): punto inglés de pd1, pr1.

Vuelta 78 (82, 90): pd2 (3, 3), ph, pd2, ph, pd11 (11, 11), ph, pd2, ph, pd11 (11, 11), ph, pd2, ph, pd11 (11, 11), ph, pd2, ph, pd9 (8, 8). 60 (60, 60) pts.

Vuelta 79 (83, 91): pd3 (4, 4), ph, pd2, ph, pd13 (13, 13), ph, pd2, ph, pd13 (13, 13), ph, pd2, ph, pd13 (13, 13), ph, pd2, ph, pd10 (9, 9). 68 (68, 68) pts.

Vuelta 80 (84, 92): pd4 (5, 5), ph, pd2, ph, pd15 (15, 15), ph, pd2, ph, pd15 (15, 15), ph, pd2, ph, pd15 (15, 15), ph, pd2, ph, pd11 (10, 10). 76 (76, 76) pts.

Vuelta 81 (85, 93): pd5 (6, 6), ph, pd2, ph, pd17 (17, 17), ph, pd2, ph, pd17 (17, 17), ph, pd2, ph, pd17 (17, 17), ph, pd2, ph, pd12 (11, 11). 84 (84, 84) pts.

Vuelta 82 (86, 94): pd6 (7, 7), ph, pd2, ph, pd19 (19, 19), ph, pd2, ph, pd19 (19, 19), ph, pd2, ph, pd19 (19, 19), ph, pd2, ph, pd13 (12, 12). 92 (92, 92) pts.

Vuelta 83 (87, 95): pd7 (8, 8), ph, pd2, ph, pd21 (21, 21), ph, pd2, ph, pd21 (21, 21), ph, pd2, ph, pd21 (21, 21), ph, pd2, ph, pd14 (13, 13). 100 (100, 100) pts.

Vuelta (88, 96) (solo las dos tallas más grandes): pd (9, 9), ph, pd2, ph, pd (23, 23), ph, pd2, ph, pd (23, 23), ph, pd2, ph, pd (23, 23), ph, pd2, ph, pd (14, 14). (108, 108) pts.

Vuelta (89, 97) (solo las dos tallas más grandes): pd (10, 10), ph, pd2, ph, pd (25, 25), ph, pd2, ph, pd (25, 25), ph, pd2, ph, pd (25, 25), ph, pd2, ph, pd (15, 15). (116, 116) pts.

Vuelta (98) (solo la talla más grande): pd (11), ph, pd2, ph, pd (27), ph, pd2, ph, pd (27), ph, pd2, ph, pd (27), ph, pd2, ph, pd (16). (124) pts.

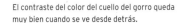

El contraste del color del cuello del gorro queda muy bien cuando se ve desde detrás.

Vuelta (99) (solo la talla más grande): pd (12), ph, pd2, ph, pd (29), ph, pd2, ph, pd (29), ph, pd2, ph, pd (29), ph, pd2, ph, pd (17). (132) pts.
Vueltas 84-89 (90-95, 100-105) (todas las tallas): punto inglés de pd1, pr1.
Remate y entreteja los hilos.

Orejas (confeccione 2)

Con un par de agujas de 3,25 mm y A, monte 25 pts.
Vuelta 1: pd.
Vuelta 2: pd.
Vuelta 3: pd1, t2pdj, pd19, t2pdj, pd1. 23 pts.
Vuelta 4: pd.
Vuelta 5: pd1, t2pdj, pd17, t2pdj, pd1. 21 pts.
Vuelta 6: pd.
Vuelta 7: pd1, t2pdj, pd15, t2pdj, pd1. 19 pts.
Vuelta 8: pd.
Vuelta 9: pd1, t2pdj, pd13, t2pdj, pd1. 17 pts.
Vuelta 10: pd.
Vuelta 11: pd1, t2pdj, pd11, t2pdj, pd1. 15 pts.
Vuelta 12: pd.
Vuelta 13: pd1, t2pdj, pd9, t2pdj, pd1. 13 pts.
Vuelta 14: pd.
Vuelta 15: pd1, t2pdj, pd7, t2pdj, pd1. 11 pts.
Vuelta 16: pd.

Vuelta 17: pd1, t2pdj, pd5, t2pdj, pd1. 9 pts.
Vuelta 18: pd.
Vuelta 19: pd1, t2pdj, pd3, t2pdj, pd1. 7 pts.
Vueltas 20-22: pd.
Vuelta 23: pd1, t2pdj, pd1, t2pdj, pd1. 5 pts.
Vuelta 24: pd.
Vuelta 25: pd1, t2pdj, pd2. 4 pts.
Vuelta 26: pd.
Vuelta 27: pd1, t2pdj, pd1. 3 pts.
Vuelta 28: pd.
Deje un extremo de hilo lo bastante largo como para entretejerlo. Páselo por los 3 puntos y sáquelos de las agujas. Tire con firmeza del hilo y asegúrelo. Entreteja los extremos sueltos.

ACABAR LA PIEZA

1 Doble las orejas en tres secciones iguales (como si doblara una carta para introducirla en un sobre).
2 Cosa las orejas al gorro en la posición que se indica.
3 Entreteja los extremos sueltos.

MANOPLAS

(CONFECCIONE 2)

Puño

Use agujas de doble punta de 2 mm, monte 22 (24, 26) pts y divídalos de manera uniforme entre 3 agujas. Una la labor para tejer en redondo con cuidado de no retorcerla. Coloque un marcador al principio de la vuelta.
Vueltas 1-10 (1-12, 1-14): punto inglés pd1, pr1.

Escudete del pulgar

Cambie a agujas de doble punta de 3,25 mm para tejer el resto de la manopla.
Vuelta 1: aum1d, haga pd hasta el final de la vuelta. 23 (25, 27) pts.
Vuelta 2: pd.
Vuelta 3: aum1d, pd1, aum1iz, pd hasta el final de la vuelta. 25 (27, 29) pts.
Vuelta 4: pd.
Vuelta 5: aum1d, pd3, aum1iz, pd hasta el final de la vuelta. 27 (29, 31) pts.
Vuelta 6: pd.
Vuelta 7: aum1d, pd5, aum1iz, pd hasta el final de la vuelta. 29 (31, 33) pts.
Vuelta 8: pd.
Vuelta (9, 9) (solo las dos tallas más grandes): aum1d, pd7, aum1iz, pd hasta el final de la vuelta. (33, 35) pts.
Vuelta 9 (10, 10): p1d, deje en espera 7 (9, 9) puntos del pulgar empleando una hebra de hilo sobrante y vuelva a unir la labor para tejer los puntos de la mano en redondo, pd21 (23, 25). 22 (24, 26) pts.
Vueltas 10-13 (11-15, 11-16): pd.

Dedos índice y corazón:

Vuelta 14 (16-17): pd6 (6, 7), deje en espera 11 (12, 13) pts empleando una hebra hilo sobrante, monte 2 pts. pd5 (6, 6). 13 (14, 15 pts).

Las orejas de punto bobo cosidas al gorro con punto de media dan a esta prenda un aspecto único.

Vueltas 15-22 (17-26, 18-28): pd.

Vuelta 23 (27-29): t2pdj hasta el final de la vuelta
(si al llegar al final de la vuelta le queda un punto, téjalo).
7 (7, 8) pts.

Vuelta 24 (28, 30): pd.

Deje un trozo de hilo lo bastante largo como para
entretejerlo. Páselo por todos los puntos y sáquelos
de la aguja. Tire del hilo con firmeza y asegúrelo.

Dedos anular y meñique:

Pase los 11 (12, 13) puntos del pulgar que había dejado
en espera a 3 agujas de doble punta de 3,25 mm. Vuelva
a unir la labor y coja 2 pts de 2 de los que ha montado.
Coloque un marcador al principio de la vuelta. 13 (14,
15) pts.

Vueltas 14-22 (16-26, 17-28): pd.

Vuelta 23 (27-29): t2pdj hasta el final de la vuelta.
(Si al llegar al final de la vuelta le queda un punto,
téjalo.) 7 (7, 8) pts.

Vuelta 24 (28, 30): pd.

Acabe la pieza igual que ha hecho en el caso de los
dedos índice y corazón.

Pulgar

Pase los 7 (9, 9) puntos del pulgar que había dejado
en espera a agujas de doble punta de 3,25 mm. Vuelva
a unir el hilo y coja un punto adicional en la esquina
donde la parte de la palma se une con el escudete.
8 (10, 10) pts.

Vueltas 1-6 (1-6, 1-8): pd.

Vuelta 7 (7, 9): t2pdj hasta el final de la vuelta. 4 (5, 5) pts.
Cierre la parte superior como en el caso de la parte de
la palma.

¡A los pequeños les encantará jugar con
estas manoplas alienígenas de dos dedos!

robot en miniatura

Este gracioso gorro tiene una fantástica antena con una lucecita roja, lo mismo que las manoplas. El conjunto lo completan unos patucos clásicos. Algunos detalles se hacen con ganchillo en espiral.

GORRO, MANOPLAS Y PATUCOS
NIVEL: avanzado
TALLAS
6-12 meses (12-24 meses, 2-3 años)
Medidas de la prenda acabada
De «mejilla a mejilla» alrededor del gorro:
36 (37, 38) cm
Circunferencia de las manoplas:
13,75 (15, 16,25) cm
Longitud de las manoplas:
14 (16,5, 18) cm
Patucos de talón a punta de los dedos:
7,5 (9, 11) cm
MATERIALES
GORRO
Hilo principal:
Color A: 1 ovillo de 85 g (123 m) de hilo Lion Brand Jiffy, 100 % acrílico, gris (Silver Heather)
Cantidades pequeñas:
Color B: hilo Lion Brand Jiffy, 100 % acrílico, blanco
Color C: hilo Lion Brand Jiffy, 100 % acrílico, rojo (True Red)
Color D: hilo Lion Brand Jiffy, 100 % acrílico, negro
Agujas:
• 1 par de agujas de 3,25 mm
• Aguja circular de 3,25 mm
• Marcador de puntos
• 4 agujas de doble punta de 3,25 mm
• Aguja de ganchillo de 2,75 mm
• Aguja de coser
• Un poco de relleno para muñeco

MANOPLAS
Hilo principal:
Color A: 1 ovillo de 85 g (123 m) de hilo Lion Brand Jiffy, 100 % acrílico, gris (Silver Heather)
Cantidades pequeñas:
Color B: hilo Lion Brand Jiffy, 100 % acrílico, blanco
Color C: hilo Lion Brand Jiffy, 100 % acrílico, rojo (True Red)
Color D: hilo Lion Brand Jiffy, 100 % acrílico, negro
Agujas:
• 4 agujas de 2 mm de doble punta
• 4 agujas de 3,25 mm de doble punta
• Aguja de ganchillo de 2,75 mm
• Aguja de coser
PATUCOS
Hilo principal:
Color A: 1 ovillo de 85 g (123 m) de hilo Lion Brand Jiffy, 100 % acrílico, gris (Silver Heather) (60 g, 87 m)
Cantidades pequeñas:
Color B: hilo Lion Brand Jiffy, 100 % acrílico, blanco
Color C: hilo Lion Brand Jiffy, 100 % acrílico, rojo (True Red)
Color D: hilo Lion Brand Jiffy, 100 % acrílico, negro
Agujas:
• 4 agujas de 3,25 mm de doble punta
• Aguja de coser
TENSIÓN
16 pts y 25 vueltas = cuadrado de 10 cm en punto de media con agujas de 3,25 mm
19 pts y 28 vueltas = cuadrado de 10 cm en punto inglés pd1 pr1 con agujas de 3,25 mm

GORRO

Con un par de agujas de 3,25 mm y el hilo A, monte 57 (61, 65 pts).

Vueltas 1-6 (6, 6): punto inglés de pd1, pr1.

Vueltas 7-30 (30, 32): haga punto de media comenzando con una vuelta de pd.

Vuelta 31 (31, 33): pd18 (19, 21), t2pdj, pd17 (19, 19), t2pdj, dé la vuelta. 55 (59, 63) pts.

Vuelta 32 (32, 34): pp, pr17 (19, 19), t2prj, dé la vuelta, 54 (58, 62) pts.

Vuelta 33 (33, 35): pp, pd17 (19, 19), t2pdj, dé la vuelta, 53 (57, 61) pts.

Rep. las vueltas 32 (32, 34) y 33 (33, 35) hasta la vuelta 54 (56, 62). 32 (34, 34) pts.

Vuelta 55 (57, 63): pp, *pr1, pd1* rep. desde * hasta * 8 (9, 9) veces, pr1, t2pdj, dé la vuelta, 31 (33, 33) pts.

Vuelta 56 (58, 64): pp, *pd1, pr1* rep. desde * hasta * 8 (9, 9) veces, pd1, t2prj, dé la vuelta, 30 (32, 32) pts.

Rep. las vueltas 55 (57, 63) y 56 (58, 64) hasta la vuelta 66 (68, 74). 20 (22, 22) pts.

Cuello

Cambie a una aguja circular de 3,25 mm. Coloque un marcador al principio de la vuelta.

Vuelta 67 (69, 75): pp, *pr1, pd1* rep. desde * hasta * 8 (9, 9) veces, pr1, t2pdj, coja 13 (12, 12) pts por un lado del gorro, monte 7 (7, 7) pts, una la labor para tejer en redondo, con cuidado de no retorcerla, coja 13 (12, 12) pts por el otro lado del gorro. 52 (52, 52) pts.

Vueltas 68-77 (70-81, 76-89): punto inglés de pd1, pr1.

Vuelta 78 (82, 90): pd2 (3, 3), ph, pd2, ph, pd11 (11, 11), ph, pd2, ph, pd11 (11, 11), ph, pd2, ph, pd11 (11, 11), ph, pd2, ph, pd9 (8, 8). 60 (60, 60) pts.

Vuelta 79 (83, 91): pd3 (4, 4), ph, pd2, ph, pd13 (13, 13), ph, pd2, ph, pd13 (13, 13), ph, pd2, ph, pd13 (13, 13), ph, pd2, ph, pd10 (9, 9). 68 (68, 68) pts.

Vuelta 80 (84, 92): pd4 (5, 5), ph, pd2, ph, pd15 (15, 15), ph, pd2, ph, pd15 (15, 15), ph, pd2, ph, pd15 (15, 15), ph, pd2, ph, pd11 (10, 10). 76 (76, 76) pts.

Vuelta 81 (85, 93): pd5 (6, 6), ph, pd2, ph, pd17 (17, 17), ph, pd2, ph, pd17 (17, 17), ph, pd2, ph, pd17 (17, 17), ph, pd2, ph, pd12 (11, 11). 84 (84, 84) pts.

Vuelta 82 (86, 94): pd6 (7, 7), ph, pd2, ph, pd19 (19, 19), ph, pd2, ph, pd19 (19, 19), ph, pd2, ph, pd19 (19, 19), ph, pd2, ph, pd13 (12, 12). 92 (92, 92) pts.

Vuelta 83 (87, 95): pd7 (8, 8), ph, pd2, ph, pd21 (21, 21), ph, pd2, ph, pd21 (21, 21), ph, pd2, ph, pd21 (21, 21), ph, pd2, ph, pd14 (13, 13). 100 (100, 100) pts.

Vuelta (88, 96) (solo las dos tallas más grandes): pd (9, 9), ph, pd2, ph, pd (23, 23), ph, pd2, ph, pd (23, 23), ph, pd2, ph, pd (23, 23), ph, pd2, ph, pd (14, 14). (108, 108) pts.

Vuelta (89, 97) (solo las dos tallas más grandes): pd (10, 10), ph, pd2, ph, pd (25, 25), ph, pd2, ph, pd (25, 25), ph, pd2, ph, pd (25, 25), ph, pd2, ph, pd (15, 15). (116, 116) pts.

Vuelta (98) (solo la talla más grande): pd (11), ph, pd2, ph, pd (27), ph, pd2, ph, pd (27), ph, pd2, ph, pd (27), ph, pd2, ph, pd (16). (124) pts.

Vuelta (99) (solo la talla más grande): pd (12), ph, pd2, ph, pd (29), ph, pd2, ph, pd (29), ph, pd2, ph, pd (29), ph, pd2, ph, pd (17). (132) pts.

Vueltas 84-89 (90-95, 100-105) (todas las tallas): punto inglés de pd1, pr1.
Remate y entreteja los hilos.

Ojos (confeccione 2 en B). Orejas (confeccione 2 en C). Parte inferior de la atena (confeccione 1 en A)

Este diseño se hace a ganchillo en espiral. No una la labor al final de las vueltas; siga trabajando, C4.
Una con pra para formar un aro.
Vuelta 1: 7pb en aro.
Vuelta 2: 2 pb en cada pb. 14pb.
Vuelta 3: 14pb.
Vuelta 4: 14pb.
Acabe con pra en siguiente pt para unir.
Remate y deje un extremo de hilo lo bastante largo como para coser.

Borde de la oreja (confeccione 2)

Use 4 agujas de doble punta de 3,25 mm y A, monte 22 puntos y divídalos de manera uniforme entre 3 agujas. Una la labor para tejer en redondo con cuidado de no retorcerla. Coloque un marcador al principio de la vuelta.
Vueltas 1-2: punto inglés pd1, pr1.
Remate y deje un poco de hilo lo bastante largo como para coser.

Borde de los ojos (confeccione 2)

Use 4 agujas de doble punta de 3,25 mm y A, monte 40 puntos y divídalos de manera uniforme entre 3 agujas. Una la labor para tejer en redondo con cuidado de no retorcerla. Coloque un marcador al principio de la vuelta.
Vueltas 1-2: punto inglés pd1, pr1.
Remate y deje un poco de hilo lo bastante largo como para coser.

Parte media de la antena

Use 4 agujas de doble punta de 3,25 mm y A, monte 6 puntos y divídalos de manera uniforme entre 3 agujas. Una la labor para tejer en redondo con cuidado de no retorcerla. Coloque un marcador al principio de la vuelta.
Vueltas 1-15: pd.
Deje un extremo de hilo lo bastante largo como para entretejerlo. Páselo por los 6 puntos y sáquelos de las agujas. Tire con firmeza y asegure el hilo. Entreteja los hilos.

Bombilla roja (parte superior de la antena)

Este diseño se hace a ganchillo en espiral. No una la labor al final de las vueltas; continúe trabajando.

Con la aguja de ganchillo y C: c3. Una con pra para formar un aro.
Vuelta 1: 6pb en aro.
Vuelta 2: 2 pb en cada pb. 12pb.
Vuelta 3: 12pb.
Vuelta 4: 12pb. Introduzca un poco de relleno en la bombilla.
Vuelta 5: (pb en siguiente pt, sáltese siguiente pt) 6 veces. 6pb.
Acabe con pra en siguiente pt para unir. Remate y deje un poco de hilo; pase el hilo por los 6 puntos. Tire del hilo con firmeza y asegúrelo. Entreteja los hilos sueltos.

ACABAR LA PIEZA

1 Usando D, borde 2 pequeñas pupilas en los ojos.
2 Cosa el borde de los ojos alrededor de los mismos.
3 Remeta los extremos de hilo sueltos por dentro de los ojos y añada un poco de relleno, si lo desea.
4 Cosa los ojos al gorro.
5 Cosa el borde de las orejas alrededor de las mismas.
6 Remeta los extremos de hilo sueltos por dentro de las orejas y añada un poco de relleno, si lo desea.
7 Cosa las orejas al gorro.
8 Rellene ligeramente la parte media de la antena.
9 Cosa la bombilla a la parte media de la antena; esta a la parte inferior de la antena; y esta, a su vez, a la manopla.
10 Entreteja los hilos sueltos.

Las manoplas tienen una cara completa de robot con su pequeña antena.

MANOPLAS

(CONFECCIONE 2)

Puño

Use agujas de 2 mm de doble punta, monte 22 (24, 26) pts y divídalos de manera uniforme entre 3 agujas. Una la labor para tejer en redondo con cuidado de no retorcerla. Coloque un marcador al principio de la vuelta.
Vueltas 1-10 (1-12, 1-14): punto inglés de pd1, pr1.

Escudete del pulgar

Cambie a unas agujas de 3,25 mm de doble punta para tejer el resto de la manopla.
Vuelta 1: aum1d, pd hasta el final de la vuelta. 23 (25, 27) pts.
Vuelta 2: pd.
Vuelta 3: aum1d, pd1, aum1iz, pd hasta el final de la vuelta. 25 (27, 29) pts.
Vuelta 4: pd.
Vuelta 5: aum1d, pd3, aum1iz, pd hasta el final de la vuelta. 27 (29, 31) pts.
Vuelta 6: pd.
Vuelta 7: aum1d, pd5, aum1iz, pd hasta el final de la vuelta. 29 (31, 33) pts.
Vuelta 8: pd.
Vuelta (9, 9) (solo las dos tallas más grandes): aum1d, pd7, aum1iz, pd hasta el final de la vuelta. (33, 35) pts.

Vuelta 9 (10, 10): pd1, deje en espera 7 (9, 9) puntos del pulgar empleando una hebra de hilo sobrante y vuelva a unir la labor para tejer los puntos de la mano en redondo, pd21 (23, 25). 22 (24, 26) pts.

Vueltas 10-22 (11-26, 11-28): pd.

Cierre la parte superior

Vuelta 23 (27, 29): t2pdj hasta el final de la vuelta. 11 (12, 13) pts.

Vuelta 24 (28, 30): pd.

Vuelta 25 (29, 31): t2pdj hasta el final de la vuelta (si llega al final de la vuelta y le sobra un punto, téjalo). 6 (6, 7) pts.

Vuelta 26 (30, 32): t2pdj, pd1, t2pdj, pd1. 4 (4, 5) pts.

Vueltas 27-31 (31-35, 34-38): pd.

Deje un extremo lo bastante largo como para entretejerlo. Haga pasar el hilo por todos los puntos y sáquelos de las agujas. Tire el hilo con firmeza y asegúrelo. Entreteja los hilos sueltos.

Pulgar

Pase los 7 (9, 9) puntos del pulgar que había dejado en espera a 3 agujas de doble punta de 3,25 mm. Vuelva a unir el hilo y coja un punto adicional en la esquina donde la parte de la palma se une con el escudete. 8 (10, 10) pts.

Vueltas 1-6 (1-6, 1-8): pd.

Vuelta 7 (7, 9): t2pdj hasta el final de la vuelta. 4 (5, 5) pts. Cierre la parte superior como en el caso de la parte de la palma.

Ojos y orejas (confeccione 4 en B, y 4 en C)

Con la aguja de ganchillo, haga 4 en B, y 4 en C: c4. Una con pra para formar un aro.

Vuelta 1: 7pb en aro.

Acabe con pra en siguiente pt para unir.

Remate y deje un poco de hilo lo bastante largo como para coser.

ACABAR LA PIEZA

1 Con el hilo D, borde 4 pequeñas pupilas en los ojos en punto satén.

2 Cosa los ojos a las manoplas.

3 Cosa las orejas a las manoplas.

4 Con C, borde la bombilla de la antena en punto satén.

5 Con D, borde la boca en las manoplas con punto atrás.

6 Entreteja los hilos sueltos.

PATUCOS

(CONFECCIONE 2)

Use 4 agujas de doble punta de 3,25 mm y A, monte 24 (26, 28) pts y divídalos de manera uniforme entre 3 agujas. Una la labor para tejer en redondo con cuidado de no retorcerla. Coloque un marcador al principio de la vuelta.

Vueltas 1-12 (1-12, 1-12): pd.

Vuelta 13 (13, 13): *haga un doblez juntando los lados del derecho. Introduzca la aguja derecha en el primer punto que ha montado y páselo a la aguja izquierda. Teja el punto que ha cogido y el primer punto juntos* rep desde * hasta * 24 (26, 28) veces (hasta el final de la vuelta).

Vueltas 14-16 (14-17, 14-18): pd.

Talón

Vuelta 17 (18, 19): pd12 (13, 14), dé la vuelta.

Vuelta 18 (19, 20): pr12 (13, 14), dé la vuelta.

Rep. vueltas 17 (18, 19) y 18 (19, 20) hasta la vuelta 22 (23, 24).

Vuelta 23 (24, 25): pd2, t2pdj, pd4 (5, 6), t2pdj, dé la vuelta. 22 (24, 26) pts.

Vuelta 24 (25, 26): pp, pr4 (5, 6), t2prj, dé la vuelta. 21 (23, 25) pts.

Vuelta 25 (26, 27): pp, pd4 (5, 6), t2pdj, dé la vuelta. 20 (22, 24) pts.

Vuelta 26 (27, 28): pp, pr4 (5, 6), t2prj, dé la vuelta. 19 (21, 23) pts.

Trabaje en redondo a partir de ahora.

Vuelta 27 (28, 29): pp, pd4 (5, 6), t2pdj, coja 3 pts en la parte inferior del talón, pd12 (13, 14). 21 (23, 25) pts.

Vuelta 28 (29, 30): coja 3 pts en la parte superior del talón, pd21 (23, 25). 24 (26, 28) pts.

Vueltas 29-43 (20-48, 31-53): pd.

Cierre la parte de los dedos

Vuelta 44 (49, 54): t2pdj hasta el final de la vuelta. 12 (13, 14) pts.

Vuelta 45 (50, 55): pd.

Vuelta 46 (51, 56): (si está disminuyendo y al final de la vuelta solo le queda un punto, téjalo.) t2pdj hasta el final de la vuelta. 6 (7, 7) pts.

Deje un extremo de hilo lo bastante largo como para entretejer. Pase el hilo por todos los puntos y sáquelos de las agujas. Tire con firmeza del hilo y asegúrelo. Entreteja los hilos sueltos.

Los patucos grises de corte clásico completan el conjunto de robot.

lindo dragón

Está tejido de un solo color. Los pinchos del gorro hacen juego con los de las manoplas. Esta labor es un reto para tejedores avanzados cuyo resultado merecerá la pena.

GORRO Y MANOPLAS
NIVEL: avanzado
TALLAS
6-12 meses (12-24 meses, 2-3 años)
Medidas de la prenda acabada
De «mejilla a mejilla» alrededor
del gorro:
36 (37, 38) cm
Circunferencia de las manoplas:
13,75 (15, 16,25) cm
Longitud de las manoplas:
14 (16,5, 18) cm
Materiales
GORRO
Hilo principal:
Color A: 1 ovillo de 85 g (123 m) de hilo Lion Brand
Jiffy, 100 % acrílico, verde aguacate
Agujas:
• 1 par de agujas de 3,25 mm
• Aguja circular de 3,25 mm
• Aguja de ganchillo de 2,75 mm
• Marcador de puntos
• Aguja de coser
MANOPLAS
Hilo principal:
Color A: 1 ovillo de 85 g (123 m) de hilo Lion Brand
Jiffy, 100 % acrílico, verde aguacate
Agujas:
• 4 agujas de 2 mm de doble punta
• 4 agujas de 3,25 mm de doble punta
• Aguja de ganchillo de 2,75 mm
• Marcador de puntos
• Aguja de coser
TENSIÓN
16 pts y 25 vueltas = cuadrado de 10 cm
en punto de media con agujas de 3,25 mm
19 pts y 28 vueltas = cuadrado de 10 cm
en punto inglés pd1 pr1 con agujas de
3,25 mm

GORRO

TALLA 6-12 MESES

Con un par de agujas de 3,25 mm, monte 57 pts.
Vueltas 1-6: punto inglés de pd1, pr1.
Vuelta 7: pd28, ph, pd1, ph, pd28. 59 pts.
Vuelta 8: pr29, ph, pr1, ph, pr29. 61 pts.
Vuelta 9: pd30, ph, pd1, ph, pd30. 63 pts.
Vuelta 10: pr31, ph, pr1, ph, pr31. 65 pts.
Vuelta 11: pd32, ph, pd1, ph, pd32. 67 pts.
Vuelta 12: pr33, ph, pr1, ph, pr33. 69 pts.
Vuelta 13: pd34, ph, pd1, ph, pd34. 71 pts.
Vuelta 14: pr35, ph, pr1, ph, pr35. 73 pts.

Cierre la primera púa (consulte los dibujos de la página 139)

Vuelta 15: pd28, pp siguientes 8 pts, junte las agujas de modo que estén en paralelo, se junten los lados del revés de la labor, y las puntas de las agujas estén mirando a la derecha (la aguja de la derecha está atrás), pase el siguiente punto a una aguja de ganchillo; será el punto 37.º de la vuelta.

Introduzca la aguja de ganchillo en el punto 36.º (de la aguja derecha) y páselo a través del punto que hay en la aguja de ganchillo.

*Continúe del siguiente modo:

**pase el siguiente pt de la aguja izquierda por el pt que hay en la aguja de ganchillo,
pase el siguiente pt de la aguja derecha por el pt que hay en la aguja de ganchillo.**

Rep. desde ** hasta ** hasta haber pasado el último pt de la aguja derecha por el siguiente punto de la aguja izquierda, pase el siguiente pt de la aguja izquierda por el pt que hay en la aguja de ganchillo, pase este punto de nuevo a la aguja izquierda, devuelva las agujas a su posición normal*, pd29. 57 pts.

Vuelta 16: pr.
Vuelta 17: pd28, ph, pd1, ph, pd28. 59 pts.
Vuelta 18: pr29, ph, pr1, ph, pr29. 61 pts.
Vuelta 19: pd30, ph, pd1, ph, pd30. 63 pts.
Vuelta 20: pr31, ph, pr1, ph, pdr31. 65 pts.
Vuelta 21: pd32, ph, pd1, ph, pd32. 67 pts.
Vuelta 22: pr33, ph, pr1, ph, pdr33. 69 pts.
Vuelta 23: pd34, ph, pd1, ph, pd34. 71 pts.
Vuelta 24: pr35, ph, pr1, ph, pdr35. 73 pts.
Vueltas 25-30: Rep vueltas 15-20. 65 pts.
Vuelta 31: pd18, t2pdj, pd12, ph, pd1, ph, pd12, t2pdj, dé la vuelta. 65 pts.
Vuelta 32: pp, pr13, ph, pr1, ph, pr13, t2prj, dé la vuelta. 66 pts.
Vuelta 33: pp, pd14, ph, pd1, ph, pd14, t2pdj, dé la vuelta. 67 pts.
Vuelta 34: pp, pr15, ph, pr1, ph, pr15, t2prj, dé la vuelta. 68 pts.

Las púas del dragón se cosen en el centro del gorro.

Cierre la púa
Vuelta 35: pp, pd8, pp siguientes 8 pts, junte las agujas de modo que estén en paralelo, se junten los lados del revés de la labor y las puntas de las agujas estén mirando a la derecha (la aguja de la derecha está detrás), pase el siguiente punto a una aguja de ganchillo; será el punto 18.º de la vuelta.

Introduzca la aguja de ganchillo en el punto 17.º (de la aguja derecha) y páselo a través del punto que hay en la aguja de ganchillo. Rep lo mismo desde * hasta * como cuando cerró la primera púa (vuelta 15), pd9, t2pdj, dé la vuelta. 51 pts.
Vuelta 36: pp, pr17, t2prj, dé la vuelta. 50 pts.
Vuelta 37: pp, pd8, ph, pd1, ph, pd8, t2pdj, dé la vuelta. 51 pts.
Vuelta 38: pp, pr9, ph, pr1, ph, pr9, t2prj, dé la vuelta. 52 pts.
Vuelta 39: pp, pd10, ph, pd1, ph, pd10, t2pdj, dé la vuelta. 53 pts.
Vuelta 40: pp, pr11, ph, pr1, ph, pr11, t2prj, dé la vuelta. 54 pts.
Vuelta 41: pp, pd12, ph, pd1, ph, pd12, t2pdj, dé la vuelta. 55 pts.

Vuelta 42: pp, pr13, ph, pr1, ph, pr13, t2prj, dé la vuelta. 56 pts.

Vuelta 43: pp, pd14, ph, pd1, ph, pd14, t2pdj, dé la vuelta. 57 pts.

Vuelta 44: pp, pr15, ph, pr1, ph, pr15, t2prj, dé la vuelta. 58 pts.

Cierre la púa

Vuelta 45: trabaje igual que en la vuelta 35. 41 pts.

Vueltas 46-54: rep las vueltas 36-44. 48 pts.

Cierre la púa

Vuelta 55: pp, *pr1, pd1* 4 veces, pp siguientes 8 pts, junte las agujas de modo que estén en paralelo, se junten los lados del revés de la labor, y las puntas de las agujas estén mirando a la derecha (la aguja de la derecha está detrás), pase el siguiente punto a una aguja de ganchillo; será el punto 18.º de la vuelta.
Introduzca la aguja de ganchillo en el punto 17.º (de la aguja derecha) y páselo a través del punto que hay en la aguja de ganchillo. Rep lo mismo desde * hasta * como cuando cerró la primera púa (vuelta 15), pd1, *pd1, pr1* 4 veces, t2pdj, dé la vuelta. 31 pts.

Vuelta 56: pp, *pd1, pr1* 3 veces, pd1, pr3, *pd1, pr1* 3 veces, pd1, t2prj. Dé la vuelta 30 pts.

Vuelta 57: pp, *pr1, pd1* 4 veces, ph, pd1, ph, *pd1, pr1* 4 veces, t2pdj, dé la vuelta. 31 pts.

Vuelta 58: pp, *pd1, pr1* 3 veces, pd1, pr2, ph, pr1, ph, pr2, *pd1, pr1* 3 veces, pr1, t2prj, dé la vuelta. 32 pts.

Vuelta 59: pp, *pr1, pd1* 3 veces, pr1, pd3, ph, pd1, ph, pd3, *pr1, pd1* 3 veces, pr1, t2pdj, dé la vuelta. 33 pts.

Vuelta 60: pp, *pd1, pr1* 3 veces, pd1, pr4, ph, pr1, ph, pr4, *pd1, pr1* 3 veces, pd1, t2prj, dé la vuelta. 34 pts.

Vuelta 61: pp, *pr1, pd1* 3 veces, pr1, pd5, ph, pd1, ph, pd5, *pr1, pd1* 3 veces, pr1, t2pdj, dé la vuelta. 35 pts.

Vuelta 62: pp, *pd1, pr1* 3 veces, pd1, pr6, ph, pr1, ph, pr6, *pd1, pr1* 3 veces, pd1, t2prj, dé la vuelta. 36 pts.

Vuelta 63: pp, *pr1, pd1* 3 veces, pr1, pd7, ph, pd1, ph, pd7, *pr1, pd1* 3 veces, pr1, t2pdj, dé la vuelta. 37 pts.

Vuelta 64: pp, *pd1, pr1* 3 veces, pd1, pr8, ph, pr1, ph, pr8, *pd1, pr1* 3 veces, pd1, t2prj, dé la vuelta. 38 pts.

Cierre la púa

Vuelta 65: trabaje igual que en el caso de la vuelta 55. 21 pts.

Vuelta 66: pp, *pd1, pr1* 3 veces, pd1, pr3, *pd1, pr1* 3 veces, pd1, t2prj, dé la vuelta. 20 pts.
Cambie a agujas circulares de 3,25 mm. Una la labor para trabajar en redondo con cuidado de no retorcerla. Coloque un marcador al principio de la vuelta.

Vuelta 67: pp, *pd1, pr1* 4 veces, ph, pd1, ph, *pd1, pr1* 4 veces, t2pdj, coja 13 pts, montar 7, coger 13 pts. 54 pts.

Vuelta 68: *pd1, pr1* 4 veces, pd2, ph, pd1, ph, pd2,*pr1, pd1* 20 veces, pr1. 56 pts.

Vuelta 69: *pd1, pr1* 4 veces, pd3, ph, pd1, ph, pd3, *pr1, pd1* 20 veces, pr1. 58 pts.

Vuelta 70: *pd1, pr1* 4 veces, pd4, ph, pd1, ph, pd4, *pr1, pd1* 20 veces, pr1. 60 pts.

Vuelta 71: *pd1, pr1* 4 veces, pd5, ph, pd1, ph, pd5, *pr1, pd1* 20 veces, pr1. 62 pts.

Vuelta 72: *pd1, pr1* 4 veces, pd6, ph, pd1, ph, pd6, *pr1, pd1* 20 veces, pr1. 64 pts.

Vuelta 73: *pd1, pr1* 4 veces, pd7, ph, pd1, ph, pd7, *pr1, pd1* 20 veces, pr1. 66 pts.

Vuelta 74: *pd1, pr1* 4 veces, pd8, ph, pd1, ph, pd8, *pr1, pd1* 20 veces, pr1. 68 pts.

Cierre la púa

Vuelta 75: *pd1, pr1* 4 veces, pd1, pp siguientes 8 pts, pase los 8 siguientes pts a la aguja derecha sin tejerlos, junte las agujas de modo que estén en paralelo y se junten los lados del revés de la labor, y las puntas de las agujas estén mirando a la derecha (la aguja de la derecha está atrás), pase el siguiente punto de la aguja de tejer izquierda a una aguja de ganchillo; será el punto 18.º de la vuelta.
Introduzca la aguja de ganchillo en el punto 17.º (siguiente pt. de la aguja derecha) y páselo por el punto que hay en la aguja de ganchillo.
Rep lo mismo desde * hasta * como cuando cerró la primera púa (vuelta 15), *pd1, pr1* 21 veces. 52 pts.

Vuelta 76: *pd1, pr1* 4 veces, pd3, *pr1, pd1* 20 veces, pr1. 52 pts.

Vuelta 77: *pd1, pr1* 4 veces, pd1, ph, pd1, ph, *pd1, pr1* 21 veces, pr1. 54 pts.

Vuelta 78: pd2, ph, pd2, ph, pd6, ph, pd1, ph, pd6, ph, pd2, ph, pd11, ph, pd2, ph, pd11, ph, pd2, ph, pd9. 64 pts.

Vuelta 79: pd3, ph, pd2, ph, pd8, ph, pd1, ph, pd8, ph, pd2, ph, pd13, ph, pd2, ph, pd13, ph, pd2, ph, pd10. 74 pts.

Vuelta 80: pd4, ph, pd2, ph, pd10, ph, pd1, ph, pd10, ph, pd2, ph, pd15, ph, pd2, ph, pd15, ph, pd2, ph, pd11. 84 pts.

Vuelta 81: pd5, ph, pd2, ph, pd12, ph, pd1, ph, pd12, ph, pd2, ph, pd17, ph, pd2, ph, pd17, ph, pd2, ph, pd12. 94 pts.

Vuelta 82: pd6, ph, pd2, ph, pd14, ph, pd1, ph, pd14, ph, pd2, ph, pd19, ph, pd2, ph, pd19, ph, pd2, ph, pd13. 104 pts.

Vuelta 83: pd7, ph, pd2, ph, pd16, ph, pd1, ph, pd16, ph, pd2, ph, pd21, ph, pd2, ph, pd21, ph, pd2, ph, pd14. 114 pts.

El gorro del bonito dragón cubre la cabeza y el cuello, pero permite total libertad de movimientos.

Vuelta 84: *pd1, pr1* 10 veces, pd8, ph, pd1, ph, pd8, *pr1, pd1* 38 veces, pr1. 116 pts.

Cierre la púa

Vuelta 85: *pd1, pr1* 10 veces, pd1, pp siguientes 8 pts, pase los 8 siguientes pts a la aguja derecha sin tejerlos, junte las agujas de modo que estén en paralelo y se junten los lados del revés de la labor, y las puntas de las agujas estén mirando a la derecha (la aguja de la derecha está atrás), pase el siguiente punto de la aguja de tejer izquierda a una aguja de ganchillo; será el punto 30.º de la vuelta.
Introduzca la aguja de ganchillo en el punto 29.º (siguiente pt de la aguja derecha) y páselo por el punto que hay en la aguja de ganchillo.
Rep lo mismo desde * hasta * como cuando cerró la primera púa (vuelta 15), *pd1, pr1* 39 veces. 100 pts.

Vueltas 86-89: punto inglés pd1, pr1.
Remate. Entreteja los extremos sueltos.

TALLA 12-24 MESES

Con un par de agujas de 3,25 mm, monte 61 pts.

Vueltas 1-6: punto inglés de pd1, pr1.

Vuelta 7: pd30, ph, pd1, ph, pd30. 63 pts.

Vuelta 8: pr31, ph, pr1, ph, pr31. 65 pts.

Vuelta 9: pd32, ph, pd1, ph, pd32. 67 pts.

Vuelta 10: pr33, ph, pr1, ph, pr33. 69 pts.

Vuelta 11: pd34, ph, pd1, ph, pd34. 71 pts.

Vuelta 12: pr35, ph, pr1, ph, pr35. 73 pts.

Vuelta 13: pd36, ph, pd1, ph, pd36. 75 pts.

Vuelta 14: pr37, ph, pr1, ph, pr37. 77 pts.

Cierre la primera púa (consulte los dibujos de la página 139)

Vuelta 15: pd30, pp siguientes 8 pts, junte las agujas de modo que estén en paralelo, se junten los lados del revés de la labor, y las puntas de las agujas estén mirando a la derecha (la aguja de la derecha está atrás), pase el siguiente punto a una aguja de ganchillo; será el punto 39.º de la vuelta.

Introduzca la aguja de ganchillo en el punto 38.º (de la aguja derecha) y páselo a través del punto que hay en la aguja de ganchillo.

*Continúe del siguiente modo:

**pase el siguiente pt de la aguja izquierda por el pt que hay en la aguja de ganchillo,

pase el siguiente pt de la aguja derecha por el pt que hay en la aguja de ganchillo.**

Rep. desde ** hasta ** hasta haber pasado el último pt de la aguja derecha por el siguiente punto de la aguja izquierda, pase el siguiente pt de la aguja izquierda por el pt que hay en la aguja de ganchillo, pase este punto de nuevo a la aguja izquierda, devuelva las agujas a su posición normal*, pd31. 61 pts.

Vuelta 16: pr.

Vueltas 17-26: rep vueltas 7-16, 61 pts.

Vueltas 27-30: rep vueltas 7-10, 69 pts.

Vuelta 31: pd19, t2pdj, pd13, ph, pd1, ph, pd13, t2pdj, dé la vuelta. 69 pts.

Vuelta 32: pp, pr14, ph, pr1, ph, pr14, t2prj, dé la vuelta. 70 pts.

Vuelta 33: pp, pd15, ph, pd1, ph, pd15, t2pdj, dé la vuelta. 71 pts.

Vuelta 34: pp, pr16, ph, pr1, ph, pr16, t2prj, dé la vuelta. 72 pts.

Cierre la púa

Vuelta 35: pp, pd9, pp siguientes 8 pts, junte las agujas de modo que estén en paralelo, se junten los lados del revés de la labor, y las puntas de las agujas estén mirando a la derecha (la aguja de la derecha está atrás), pase el siguiente punto a una aguja de ganchillo; será el punto 19.º de la vuelta.

Introduzca la aguja de ganchillo en el punto 18.º (de la aguja derecha) y páselo a través del punto que hay en la aguja de ganchillo. Rep lo mismo desde * hasta * como cuando cerró la primera púa (vuelta 15), pd10, t2pdj, dé la vuelta. 55 pts.

Vuelta 36: pp, pr19, t2prj, dé la vuelta. 54 pts.

Vuelta 37: pp, pd9, ph, pd1, ph, pd9, t2pdj, dé la vuelta. 55 pts.

Vuelta 38: pp, pr10, ph, pr1, ph, pr10, t2prj, dé la vuelta. 56 pts.

Vuelta 39: pp, pd11, ph, pd1, ph, pd11, t2pdj, dé la vuelta. 57 pts.

Vuelta 40: pp, pr12, ph, pr1, ph, pr12, t2prj, dé la vuelta. 58 pts.

Vuelta 41: pp, pd13, ph, pd1, ph, pd13, t2pdj, dé la vuelta. 59 pts.

Vueltas 42-51: rep vueltas 32-41. 49 pts.

Vueltas 52-56: rep vueltas 32-36. 34 pts.

Vuelta 57: pp, *pr1, pd1* 4 veces, pr1, ph, pd1, ph, pr1, *pd1, pr1* 4 veces, t2pdj, dé la vuelta. 35 pts.

Vuelta 58: pp, *pd1, pr1* 5 veces, ph, pr1, ph, *pr1, pd1* 5 veces, t2prj, dé la vuelta. 36 pts.

Vuelta 59: pp, *pr1, pd1* 4 veces, pr1, t2pdj, ph, pd1, ph, pd2, pr1, *pd1, pr1* 4 veces, t2pdj, dé la vuelta. 37 pts.

Vuelta 60: pp, *pd1, pr1* 4 veces, pd1, pr3, ph, pr1, ph, pr3, pd1 *pr1, pd1* 4 veces, t2prj, dé la vuelta. 38 pts.

Vuelta 61: pp, *pr1, pd1* 4 veces, pr1, pd4, ph, pd1, ph, pd4, pr1, *pd1, pr1* 4 veces, t2pdj, dé la vuelta. 39 pts.

Vuelta 62: pp, *pd1, pr1* 4 veces, pd1, pr5, ph, pr1, ph, pr5, pd1, *pr1, pd1* 4 veces, t2prj, dé la vuelta. 40 pts.

Vuelta 63: pp, *pr1, pd1* 4 veces, pr1, pd6, ph, pd1, ph, pd6, pr1, *pd1, pr1* 4 veces, t2pdj, dé la vuelta. 41 pts.

Vuelta 64: pp, *pd1, pr1* 4 veces, pd1, pr7, ph, pr1, ph, pr7, pd1, *pr1, pd1* 4 veces, t2prj, dé la vuelta. 42 pts.

Cierre la púa

Vuelta 65: pp, *pr1, pd1* 4 veces, pr1, pp siguientes 8 pts, junte las agujas de modo que estén en paralelo y se junten los lados del revés de la labor y las puntas de las agujas estén mirando a la derecha (la aguja de la derecha está detrás), pase el siguiente punto de la aguja de tejer izquierda a una aguja de ganchillo; será el punto 19.º de la vuelta.

Introduzca la aguja de ganchillo en el punto 18.º (siguiente pt. de la aguja derecha) y páselo por el punto que hay en la aguja de ganchillo.

Rep lo mismo desde * hasta * como cuando cerró la primera púa (vuelta 15), *pd1, pr1* 5 veces, t2pdj, dé la vuelta. 25 pts.

Vuelta 66: pp, *pd1 pr1* 9 veces, pd1, t2prj, dé la vuelta. 24 pts.

Vueltas 67 y 68: rep vueltas 57 y 58. 26 pts.

Cambie a agujas circulares. Una la labor para tejer en redondo con cuidado de no retorcerla. Coloque un marcador al principio de la vuelta.

Vuelta 69: pp, *pr1, pd1* 4 veces, pr1, pd2, ph, pd1, ph, pd2, pr1, *pd1, pr1* 4 veces, t2pdj, coja 12 pts., monte 7 pts, coja 12 pts. 58 pts.

Vuelta 70: *pd1, pr1* 5 veces, pd3, ph, pd1, ph, pd3, *pr1, pd1* 20 veces, pr1. 60 pts.

Vuelta 71: *pd1, pr1* 5 veces, pd4, ph, pd1, ph, pd4, *pr1, pd1* 20 veces, pr1. 62 pts.

Vuelta 72: *pd1, pr1* 5 veces, pd5, ph, pd1, ph, pd5, *pr1, pd1* 20 veces, pr1. 64 pts.

Vuelta 73: *pd1, pr1* 5 veces, pd6, ph, pd1, ph, pd6, *pr1, pd1* 20 veces, pr1. 66 pts.

Vuelta 74: *pd1, pr1* 5 veces, pd7, ph, pd1, ph, pd7, *pr1, pd1* 20 veces, pr1. 68 pts.

Cierre la púa

Vuelta 75: *pd1, pr1* 5 veces, pd1, pp siguientes 8 pts, pase los 8 siguientes pts. a la aguja derecha sin tejerlos, junte las agujas de modo que estén en paralelo y se junten los lados del revés de la labor, y las puntas de las agujas estén mirando a la derecha (la aguja de la derecha está detrás), pase el siguiente punto de la aguja de tejer izquierda a una aguja de ganchillo; será el punto 19.º de la vuelta.

Introduzca la aguja de ganchillo en el punto 18.º (siguiente pt. de la aguja derecha) y páselo por el punto que hay en la aguja de ganchillo.

Rep lo mismo desde * hasta * como cuando cerró la primera púa (vuelta 15), *pd1, pr1* 21 veces. 52 pts.

Vuelta 76: punto inglés pd1 pr1.

Vuelta 77: *pd1, pr1* 5 veces, ph, pd1, ph, *pr1, pd1* 20 veces, pr1. 54 pts.

Vuelta 78: *pd1 pr1* 5 veces, pd1, ph, pd1, ph, pd1, *pr1 pd1* 20 veces, pr1. 56 pts.

Vuelta 79: *pd1 pr1* 5 veces, pd2, ph, pd1, ph, pd2, *pr1 pd1* 20 veces, pr1. 58 pts.

Vueltas 80 y 81: rep. vueltas 70 y 71. 62 pts.

Vuelta 82: pd3, ph, pd2, ph, pd10, ph, pd1, ph, pd10, ph, pd2, ph, pd11, ph, pd2, ph, pd11, ph, pd2, ph, pd8. 72 pts.

Vuelta 83: pd4, ph, pd2, ph, pd12, ph, pd1, ph, pd12, ph, pd2, ph, pd13, ph, pd2, ph, pd13, ph, pd2, ph, pd9. 82 pts.

Vuelta 84: pd5, ph, pd2, ph, pd14, ph, pd1, ph, pd14, ph, pd2, ph, pd15, ph, pd2, ph, pd15, ph, pd2, ph, pd10. 92 pts.

Cierre la púa

Vuelta 85: pd6, ph, p2, ph, pd8, pp siguientes 8 pts, junte las agujas de modo que estén en paralelo y se junten los lados del revés de la labor, y las puntas de las agujas estén mirando a la derecha (la aguja de la derecha está detrás), pase el siguiente punto de la aguja de tejer izquierda a una aguja de ganchillo; será el punto 27.º de la vuelta.

Introduzca la aguja de ganchillo en el punto 26.º (siguiente pt. de la aguja derecha) y páselo por el punto que hay en la aguja de ganchillo.

Diseño de punto media en la parte principal del gorro.

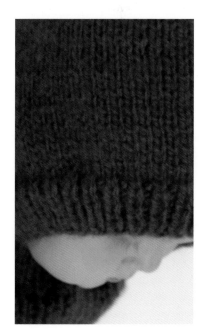

Rep lo mismo desde * hasta * como cuando cerró la primera púa (vuelta 15), pd9, pd2, ph, pd17, ph, pd2, ph, pd17, ph, pd2, ph, pd11. 84 pts.

Vuelta 86: pd7, ph, pd2, ph, pd19, ph, pd2, ph, pd19, ph, pd2, ph, pd19, ph, pd2, ph, pd12. 92 pts.

Vuelta 87: pd8, ph, pd2, ph, pd10, ph, pd1, ph, pd10, ph, pd2, ph, pd21, ph, pd2, ph, pd21, ph, pd2, ph, pd13. 102 pts.

Vuelta 88: pd9, ph, pd2, ph, pd12, ph, pd1, ph, pd12, ph, pd2, ph, pd23, ph, pd2, ph, pd23, ph, pd2, ph, pd14. 112 pts.

Vuelta 89: pd10, ph, pd2, ph, pd14, ph, pd1, ph, pd14, ph, pd2, ph, pd25, ph, pd2, ph, pd25, ph, pd2, ph, pd15. 122 pts.

Vuelta 90: *pd1, pr1* 13 veces, pd3, ph, pd1, ph, pd3, pr1, *pd1, pr1* hasta el final de la vuelta. 124 pts.

Vuelta 91: *pd1, pr1* 13 veces, pd4, ph, pd1, ph, pd4, pr1, *pd1, pr1* hasta el final de la vuelta. 126 pts.

Vuelta 92: *pd1, pr1* 13 veces, pd5, ph, pd1, ph, pd5, pr1, *pd1, pr1* hasta el final de la vuelta. 128 pts.

Fíjese en esta fotografía para ver la posición de las púas.

Vuelta 93: *pd1, pr1* 13 veces, pd6, ph, pd1, ph, pd6, pr1, *pd1, pr1* hasta el final de la vuelta. 130 pts.

Vuelta 94: *pd1, pr1* 13 veces, pd7, ph, pd1, ph, pd7, pr1, *pd1, pr1* hasta el final de la vuelta. 132 pts.

Cierre la púa

Vuelta 95: *pd1, pr1* 13 veces, pp siguientes 8 pts, junte las agujas de modo que estén en paralelo y se junten los lados del revés de la labor, y las puntas de las agujas estén mirando a la derecha (la aguja de la derecha está detrás), pase el siguiente punto de la aguja de tejer izquierda a una aguja de ganchillo; será el punto 35.º de la vuelta.

Introduzca la aguja de ganchillo en el punto 34.º (siguiente pt. de la aguja derecha) y páselo por el punto que hay en la aguja de ganchillo.

Rep lo mismo desde * hasta * como cuando cerró la primera púa (vuelta 15), *pd1, pr1* hasta el final de la vuelta. 116 pts. Remate. Entreteja los extremos sueltos.

TALLA 2-3 AÑOS

Con un par de agujas de 3,25 mm, monte 65 pts.

Vueltas 1-6: punto inglés de pd1, pr1.

Vuelta 7: pd32, ph, pd1, ph, pd32. 67 pts.
Vuelta 8: pr33, ph, pr1, ph, pr33. 69 pts.
Vuelta 9: pd34, ph, pd1, ph, pd34. 71 pts.
Vuelta 10: pr35, ph, pr1, ph, pr35. 73 pts.
Vuelta 11: pd36, ph, pd1, ph, pd36. 75 pts.
Vuelta 12: pr37, ph, pr1, ph, pr37. 77 pts.
Vuelta 13: pd38, ph, pd1, ph, pd38. 79 pts.
Vuelta 14: pr39, ph, pr1, ph, pr39. 81 pts.
Vuelta 15: pd32, pp siguientes 8 pts, junte las agujas de modo que estén en paralelo, se junten los lados del revés de la labor, y las puntas de las agujas estén mirando a la derecha (la aguja de la derecha está detrás), pase el siguiente punto a una aguja de ganchillo; será el punto 41.º de la vuelta.

Introduzca la aguja de ganchillo en el punto 40.º (de la aguja derecha) y páselo a través del punto que hay en la aguja de ganchillo.

*Continúe del siguiente modo:

**pase el siguiente pt de la aguja izquierda por el pt que hay en la aguja de ganchillo,
pase el siguiente pt de la aguja derecha por el pt que hay en la aguja de ganchillo.**

Rep desde ** hasta ** hasta haber pasado el último pt de la aguja derecha por el siguiente punto de la aguja izquierda, pase el siguiente pt de la aguja izquierda por el pt que hay en la aguja de ganchillo, pase este punto de nuevo a la aguja izquierda, devuelva las agujas a su posición normal*, pd33. 65 pts.

Vuelta 16: pr.

Vueltas 17-26: rep vueltas 7-16. 65 pts.

Vueltas 27-32: rep vueltas 7-10. 77 pts.

Vuelta 33: pd21, t2pdj, pd15, ph, pd1, ph, pd15, t2pdj, dé la vuelta. 77 pts.

Vuelta 34: pp, pr16, ph, pr1, ph, pr16, t2prj, dé la vuelta. 78 pts.

Cierre la púa

Vuelta 35: pp, pd9, pp siguientes 8 pts, junte las agujas de modo que estén en paralelo, se junten los lados del revés de la labor, y las puntas de las agujas estén mirando a la derecha (la aguja de la derecha está detrás), pase el siguiente punto a una aguja de ganchillo; será el punto 19.º de la vuelta.

Introduzca la aguja de ganchillo en el punto 18.º (de la aguja derecha) y páselo a través del punto que hay en la aguja de ganchillo. Rep lo mismo desde * hasta * como cuando cerró la primera púa (vuelta 15), pd10, t2pdj, dé la vuelta. 61 pts.

Vuelta 36: pp, pr19, t2prj, dé la vuelta. 60 pts.

Vuelta 37: pp, pd9, ph, pd1, ph, pd9, t2pdj, dé la vuelta. 61 pts.

Vuelta 38: pp, pr10, ph, pr1, ph, pr10, t2prj, dé la vuelta. 62 pts.

Vuelta 39: pp, pd11, ph, pd1, ph, pd11, t2pdj, dé la vuelta. 63 pts.

Vuelta 40: pp, pr12, ph, pr1, ph, pr12, t2prj, dé la vuelta. 64 pts.

Vuelta 41: pp, pd13, ph, pd1, ph, pd13, t2pdj, dé la vuelta. 65 pts.

Vuelta 42: pp, pd14, ph, pd1, ph, pd14, t2pdj, dé la vuelta. 66 pts.

Vuelta 43: pp, pd15, ph, pd1, ph, pd15, t2pdj, dé la vuelta.
67 pts.
Vueltas 44-53: rep vueltas 34-43. 57 pts.
Vueltas 54-62: rep vueltas 34-42. 46 pts.
Vuelta 63: pp, *pr1, pd1* 4 veces, pr1, pd6, ph, pd1, ph,
pd6, pr1, *pr1, pd1* 4 veces, t2prj, dé la vuelta. 47 pts.
Vuelta 64: pp, *pd1, pr1* 4 veces, pd1, pr7, ph, pr1, ph,
pr7, pd1, *pr1, pd1* 4 veces, t2prj, dé la vuelta. 48 pts.

Cierre la púa

Vuelta 65: pp, *pr1, pd1* 4 veces, pr1, pp siguientes
8 pts, junte las agujas de modo que estén en paralelo
y se junten los lados del revés de la labor, y las puntas
de las agujas estén mirando a la derecha (la aguja de
la derecha está detrás), pase el siguiente punto de la
aguja de tejer izquierda a una aguja de ganchillo; será
el punto 19.º de la vuelta.
Introduzca la aguja de ganchillo en el punto 18.º (siguiente
pt de la aguja derecha) y páselo por el punto que hay en
la aguja de ganchillo.
Rep lo mismo desde * hasta * como cuando cerró
la primera púa (vuelta 15), *pd1, pr1* 5 veces, t2pdj,
dé la vuelta. 31 pts.
Vuelta 66: pp, *pd1, pr1* 9 veces, pd1, t2pdj, dé la vuelta.
30 pts.
Vuelta 67: pp, *pr1, pd1* 4 veces, pr1, ph, pd1, ph, pr1,
pd1, pr1 4 veces, t2pdj, dé la vuelta. 31 pts.
Vuelta 68: pp, *pd1, pr1* 5 veces, ph, pr1, ph, *pr1, pd1*
5 veces, t2prj, dé la vuelta. 32 pts.
Vuelta 69: pp, *pr1, pd1* 4 veces, pr1, pd2, ph, pd1,
ph, pd2, pr1, *pd1, pr1* 4 veces, t2pdj, dé la vuelta.
33 pts.
Vuelta 70: pp, *pd1, pr1* 4 veces, pd1, pr3, ph, pr1, ph,
pr3, pd1, *pr1, pd1* 4 veces, t2prj, dé la vuelta. 34 pts.
Vuelta 71: pp, *pr1, pd1* 4 veces, pr1, pd4, ph, pd1, ph,
pd4, pr1,
pd1, pr1 4 veces, t2pdj, dé la vuelta. 35 pts.
Vuelta 72: pp, *pd1, pr1* 4 veces, pd1, pr5, ph, pr1, ph,
pr5, pd1, *pr1, pd1* 4 veces, t2prj, dé la vuelta. 36 pts.
Vuelta 73: pp, *pr1, pd1* 4 veces, pr1, pd6, ph, pd1, ph,
pd6, pr1, *pd1, pr1* 4 veces, t2pdj, dé la vuelta. 37 pts.
Vuelta 74: pp, *pd1, pr1* 4 veces, pd1, pr7, ph, pr1, ph, pr7,
pd1, *pr1, pd1* 4 veces, t2prj, dé la vuelta. 38 pts.
Cambie a agujas circulares de 3,25 mm. Una la labor
para trabajar en redondo con cuidado de no retorcerla.
Coloque un marcador al principio de la vuelta.

Cierre la púa

Vuelta 75: pp, *pr1, pd1* 4 veces, pr1, pp siguientes
8 pts, junte las agujas de modo que estén en paralelo
y se junten los lados del revés de la labor y las puntas
de las agujas estén mirando a la derecha (la aguja de
la derecha está atrás), pase el siguiente punto de la aguja
de tejer izquierda a una aguja de ganchillo; será el punto
19.º de la vuelta.
Introduzca la aguja de ganchillo en el punto 18.º (siguiente
pt de la aguja derecha) y páselo por el punto que hay
en la aguja de ganchillo.
Rep lo mismo desde * hasta * como cuando cerró
la primera púa (vuelta 15), *pd1, pr1* 5 veces, t2pdj,
coja 12 pts, monte 7 pts, coja 12 pts. 52 pts.
Vuelta 76: punto inglés de pd1, pr1.

Vuelta 77: *pd1, pr1* 5 veces, ph, pd1, ph, pr1, *pd1, pr1*
20 veces. 54 pts.
Vuelta 78: *pd1, pr1* 5 veces, pd1, ph, pd1, ph, *pd1, pr1*
21 veces. 56 pts.
Vuelta 79: *pd1, pr1* 5 veces, pd2, ph, pd1, ph, pd2, pr1
pd1, pr1 20 veces. 58 pts.
Vuelta 80: *pd1, pr1* 5 veces, pd3, ph, pd1, ph, pd3, pr1,
pd1, pr1 20 veces. 64 pts.
Vuelta 81: *pd1, pr1* 5 veces, pd4, ph, pd1, ph, pd4, pr1
pd1, pr1 20 veces. 62 pts.
Vuelta 82: *pd1, pr1* 5 veces, pd5, ph, pd1, ph, pd5, pr1
pd1, pr1 20 veces. 64 pts.
Vuelta 83: *pd1, pr1* 5 veces, pd6, ph, pd1, ph, pd6, pr1
pd1, pr1 20 veces. 66 pts.
Vuelta 84: *pd1, pr1* 5 veces, pd7, ph, pd1, ph, pd7, pr1
pd1, pr1 20 veces. 68 pts.

Cierre la púa

Vuelta 85: *pd1, pr1* 5 veces, pp siguientes 8 pts, pase los
8 siguientes pts a la aguja derecha sin tejerlos, junte las
agujas de modo que estén en paralelo y se junten los lados
del revés de la labor, y las puntas de las agujas estén
mirando a la derecha (la aguja de la derecha está detrás),
pase el siguiente punto de la aguja de tejer izquierda
a una aguja de ganchillo; será el punto 19.º de la vuelta.
Introduzca la aguja de ganchillo en el punto 18.º (siguiente
pt. de la aguja derecha) y páselo por el punto que hay en
la aguja de ganchillo.
Rep lo mismo desde * hasta * como cuando cerró la
primera púa (vuelta 15), *pd1, pr1* 21 veces. 52 pts.
Vueltas 86-89: rep vueltas 76-79. 58 pts.
Vuelta 90: pd3, ph, pd2, ph, pd8, ph, pd1, ph, pd8, ph,
pd2, ph, pd11, ph, pd2, ph, pd11, ph, pd2, ph, pd8. 68 pts.
Vuelta 91: pd4, ph, pd2, ph, pd10, ph, pd1, ph, pd10, ph,
pd2, ph, pd13, ph, pd2, ph, pd13, ph, pd2, ph, pd9. 78 pts.
Vuelta 92: pd5, ph, pd2, ph, pd12, ph, pd1, ph, pd12, ph,
pd2, ph, pd15, ph, pd2, ph, pd15, ph, pd2, ph, pd10. 88 pts.
Vuelta 93: pd6, ph, pd2, ph, pd14, ph, pd1, ph, pd14, ph,
pd2, ph, pd17, ph, pd2, ph, pd17, ph, pd2, ph, pd11. 98 pts.
Vuelta 94: pd7, ph, pd2, ph, pd16, ph, pd1, ph, pd16, ph,
pd2, ph, pd19, ph, pd2, ph, pd19, ph, pd2, ph, pd12. 108 pts.

Cierre la púa

Vuelta 95: pd8, ph, pd2, ph, pd10, pp siguients 8 pts,
junte las agujas de modo que estén en paralelo y se junten
los lados del revés de la labor, y las puntas de las agujas
estén mirando a la derecha (la aguja de la derecha
está detrás), pase el siguiente punto de la aguja de tejer
izquierda a una aguja de ganchillo; será el punto 31.º
de la vuelta.
Introduzca la aguja de ganchillo en el punto 30.º
(siguiente pt. de la aguja derecha) y páselo por el punto
que hay en la aguja de ganchillo.
Rep lo mismo desde * hasta * como cuando cerró la
primera púa (vuelta 15), pd11, ph, pd2, ph, pd21, ph, pd2,
ph, pd21, ph, pd2, ph, pd13. 100 pts.
Vuelta 96: pd9, ph, pd2, ph, pd23, ph, pd2, ph, pd23,
ph, pd2, ph, pd23, ph, pd2, ph, pd14. 108 pts.
Vuelta 97: pd10, ph, pd2, ph, pd12, ph, pd1, ph, pd12, ph,
pd2, ph, pd12, ph, pd2, ph, pd25, ph, pd2, ph, pd15. 118 pts.
Vuelta 98: pd11, ph, pd2, ph, pd14, ph, pd1, ph, pd14, ph,
pd2, ph, pd27, ph, pd2, ph, pd27, ph, pd2, ph, pd16. 128 pts.

Vuelta 99: pd12, ph, pd2, ph, pd16, ph, pd1, ph, pd16, ph, pd2, ph, pd29, ph, pd2, ph, pd29, ph, pd2, ph, pd17. 138 pts.

Vuelta 100: *pd1, pr1* 15 veces, pd3, ph, pd1, ph, pd3, pr1, *pd1, pr1* hasta el final de la vuelta. 140 pts.

Vuelta 101: *pd1, pr1* 15 veces, pd4, ph, pd1, ph, pd4, pr1, *pd1, pr1* hasta el final de la vuelta. 142 pts.

Vuelta 102: *pd1, pr1* 15 veces, pd5, ph, pd1, ph, pd5, pr1, *pd1, pr1* hasta el final de la vuelta. 144 pts.

Vuelta 103: *pd1, pr1* 15 veces, pd6, ph, pd1, ph, pd6, pr1, *pd1, pr1* hasta el final de la vuelta. 146 pts.

Vuelta 104: *pd1, pr1* 15 veces, pd7, ph, pd1, ph, pd7, pr1, *pd1, pr1* hasta el final de la vuelta. 148 pts.

Cierre la púa

Vuelta 105: *pd1, pr1* 15 veces, pp siguientes 8 pts, junte las agujas de modo que estén en paralelo y se junten los lados del revés de la labor, y las puntas de las agujas estén mirando a la derecha (la aguja de la derecha está detrás), pase el siguiente punto de la aguja de tejer izquierda a una aguja de ganchillo; será el punto 39.º de la vuelta. Introduzca la aguja de ganchillo en el punto 38.º (siguiente pt. de la aguja derecha) y páselo por el punto que hay en la aguja de ganchillo.

Rep lo mismo desde * hasta * como cuando cerró la primera púa (vuelta 15), *pd1, pr1* hasta el final de la vuelta. 132 pts. Remate. Entreteja los extremos sueltos.

MANOPLAS

MANOPLA IZQUIERDA

Puño

Use agujas de doble punta de 2 mm y el color A, monte 22 (24, 26) pts y divídalos de manera uniforme entre 3 agujas. Una la labor para tejer en redondo con cuidado de no retorcerla. Coloque un marcador al comienzo de la vuelta.

Vueltas 1-10 (1-12, 1-14): punto inglés de pd1, pr1.

Escudete del pulgar

Cambie a agujas de doble punta de 3,25 mm para hacer el resto de la manopla.

Vuelta 1: aum1d, pd5 (5, 6), ph, pd1, ph, pd15 (17, 18). 25 (27, 29) pts.

Vuelta 2: pd8 (8, 9), ph, pd1, ph, pd16 (18, 19). 27 (29, 31) pts.

Vuelta 3: aum1d, pd1, aum1iz, pd6 (6, 7), ph, pd1, ph, pd17 (19, 20). 31 (33, 35) pts.

Vuelta 4: pd12 (12, 13) ph, pd1, ph, pd18 (20, 21). 33 (35, 37) pts.

Vuelta 5: aum1d, pd3, aum1iz, pd8 (8, 9), ph, pd1, ph, pd19 (21, 22). 37 (39, 41) pts.

Cierre la primera púa (consulte los dibujos de la página 139)

Vuelta 6: pd11 (11, 12), pp siguientes 5 (5, 5) pts, junte las agujas de modo que estén en paralelo, se junten los lados del revés de la labor, y las puntas de las agujas estén mirando a la derecha (la aguja de la derecha está detrás), pase el siguiente punto a una aguja de ganchillo; será el punto 17.º (17.º-18.º) de la vuelta.

Introduzca la aguja de ganchillo en el punto 16.º (16.º-17.º) de la aguja derecha, y páselo a través del punto que hay en la aguja de ganchillo. Continúe del siguiente modo: **pase el siguiente pt de la aguja izquierda por el pt que hay en la aguja de ganchillo,

pase el siguiente pt de la aguja derecha por el pt que hay en la aguja de ganchillo.**

Rep. desde ** hasta ** hasta haber pasado el último pt de la aguja derecha por el siguiente punto de la aguja izquierda, pase el siguiente pt de la aguja izquierda por el pt que hay en la aguja de ganchillo, pase este punto a la aguja izquierda, devuelva las agujas a su posición normal*, pd16 (18, 19). 27 (29, 31) pts.

Vuelta 7: aum1d, pd5, aum1d, pd20 (22, 24). 29 (31, 33) pts.

Vuelta 8: pd13 (13, 14), ph, pd1, ph, pd15 (17, 18). 31 (33, 35) pts.

Vuelta 9 (9, 9) (solo las dos tallas más grandes): aum1d, pd7, aum1iz, pd (5, 6), ph, pd1, ph, pd (18, 19). (37, 39) pts.

Vuelta 9 (10, 10): pd1, deje en espera 7 (9, 9) pts del pulgar empleando una hebra de hilo sobrante y vuelva a unir la labor para hacer los puntos de la mano en redondo, pd6 (7, 8), ph, pd1, ph, pd16 (19, 20). 26 (30, 32) pts.

Vuelta 10 (11, 11): pd8 (9, 10), ph, pd1, ph, pd17 (20, 21). 28 (32, 34) pts.

Vuelta 11 (solo talla más pequeña): pd9, ph, pd1, ph, pd18. 30 pts.

Vuelta 12 (12, 12) (todas las tallas): pd10 (10, 11), ph, pd1, ph, pd19 (21, 22). 32 (34, 36) pts.

Cierre la púa

Vuelta 13 (13, 13): pd6 (6, 7), pp siguientes 5 (5, 5) pts, junte las agujas de modo que estén en paralelo, se junten los lados del revés de la labor, y las puntas de las agujas estén mirando a la derecha (la aguja de la derecha está detrás), pase el siguiente punto a una aguja de ganchillo; será el punto 12.º (12.º-13.º) de la vuelta.

Introduzca la aguja de ganchillo en el punto 11.º (11.º-12.º) de la aguja derecha y páselo a través del punto que hay en la aguja de ganchillo. Rep del mismo modo desde * hasta * como cuando cerró la primera púa (vuelta 6), pd16 (18, 19). 22 (24, 26) pts.

Vuelta 14 (14, 14): pd.

Vuelta 15 (15, 15): pd6 (6, 7), ph, pd1, ph, pd15 (17, 18). 24 (26, 28) pts.

Vuelta 16 (16, 16): pd7 (7, 8), ph, pd1, ph, pd16 (18, 19). 26 (28, 30) pts.

Vuelta 17 (17, 17): pd8 (8, 9), ph, pd1, ph, pd17 (19, 20). 28 (30, 32) pts.

Vuelta 18 (18, 18): pd9 (9, 10), ph, pd1, ph, pd18 (20, 21). 30 (32, 34) pts.

Vuelta 19 (19, 19): pd10 (10, 11), ph, pd1, ph, pd19 (21, 22). 32 (34, 36) pts.

Vuelta 20 (20, 20): rep vuelta 13 (13, 13). 22 (24, 26) pts.

Vuelta 21 (21, 21)-22 (26, 28): pd.

Cierre la parte superior

Vuelta 23 (27, 29): t2pdj hasta el final de la vuelta. 11 (12, 13) pts.

Vuelta 24 (28, 30): pd.

Vuelta 25 (29, 31): t2pdj hasta el final de la vuelta (si al llegar al final de la vuelta le queda solo un punto, téjalo). 6 (6, 7) pts.

Deje un extremo lo bastante largo como para entretejerlo.
Pase el hilo por todos los puntos y sáquelos de las agujas.
Tire del hilo con firmeza y asegúrelo. Entreteja los hilos
sueltos.

Pulgar

Pase los 7 (9, 9) puntos que había dejado en espera
a 3 agujas de doble punta de 3,25 mm. Vuelva a unir
la labor y coja un punto adicional en la esquina donde la
mano se encuentra con el escudete. Coloque un marcador
al comienzo de la vuelta. 8 (10, 10) pts.
Vueltas 1-6 (1-6, 1-8): pd.
Vuelta 7 (9, 9): t2pdj hasta el final de la vuelta. 4
(5, 5) pts.
Remate como en la parte de la mano. Cierre la parte
superior.

MANOPLA IZQUIERDA

Puño

Use agujas de doble punta de 2 mm y el color A, monte
22 (24, 26) pts y divídalos de manera uniforme entre
3 agujas. Una la labor para tejer en redondo con cuidado
de no retorcerla. Coloque un marcador al comienzo de
la vuelta.
Vueltas 1-10 (1-12, 1-14): punto inglés de pd1, pr1

Escudete del pulgar

Cambie a agujas de doble punta de 3,25 mm para hacer
el resto de la manopla.
Vuelta 1: pd15 (17, 18), ph, pd1, ph, pd5 (5, 6), aum1d. 25
(27, 29) pts.
Vuelta 2: pd16 (18, 19), ph, pd1, ph, pd8 (8, 9). 27 (29,
31) pts.
Vuelta 3: pd17 (19, 20), ph, pd1, ph, pd6 (6, 7) aum1iz, pd1,
aum1d. 31. (33, 35) pts.
Vuelta 4: pd18 (20, 21), ph, pd1, ph, pd12 (12, 13). 33 (35,
37) pts.
Vuelta 5: pd19 (21, 22), ph, pd1, ph, pd8 (8, 9), aum1iz, pd3,
aum1d. 37 (39, 41) pts.
Cierre la primera púa
Vuelta 6: pd16 (18, 19), pp siguientes 5 pts, junte las agujas
de modo que estén en paralelo, se junten los lados del
revés de la labor, y las puntas de las agujas estén mirando
a la derecha (la aguja de la derecha está detrás), pase el
siguiente punto a una aguja de ganchillo; será el punto
22.º (24.º-25.º) de la vuelta.
Introduzca la aguja de ganchillo en el punto 21.º (23.º-24.º)
de la aguja derecha y páselo a través del punto que hay
en la aguja de ganchillo. Continúe del siguiente modo:
**pase el siguiente pt de la aguja izquierda por el pt que
hay en la aguja de ganchillo,
pase el siguiente pt de la aguja derecha por el pt que hay
en la aguja de ganchillo.**
Rep. desde ** hasta ** hasta haber pasado el último pt
de la aguja derecha por el siguiente punto de la aguja
izquierda, pase el siguiente pt de la aguja izquierda por
el pt que hay en la aguja de ganchillo, pase este punto
a la aguja izquierda, devuelva las agujas a su posición
normal*, pd11 (11, 12). 27 (29, 31) pts.

Vuelta 7: pd20 (22, 24), aum1iz, pd5, aum1d. 29 (31, 33) pts.
Vuelta 8: pd15 (17, 18), ph, pd1, ph, pd13 (13, 14). 31 (33,
35) pts.
Vuelta (9, 9) (solo las dos tallas más grandes): pd (18,
19), ph, pd1, ph, pd (5, 6) aum1iz, pd7, aum1d. (37, 39) pts.
Vuelta 9 (10, 10): pd16 (19, 20), ph, pd1, ph, pd6 (7, 8),
ponga 7 (9, 9) pts del pulgar en espera empleando hilo
sobrante y vuelva a unir la labor para hacer los puntos
de la mano en redondo, pd1. 26 (30, 32) pts.
Vuelta 10 (11, 11): pd17 (20, 21), ph, pd1, ph, pd8 (9, 10).
28 (32, 34) pts.
Vuelta 11 (solo talla más pequeña): pd18, ph, pd1, ph, pd9.
30 pts.
Vuelta 12 (12, 12) (todas las tallas): pd19 (21, 22), ph, pd1,
ph, pd10 (10, 11). 32 (34, 36) pts.
Cierre púa
Vuelta 13 (13, 13): pd16 (18, 19), pp siguientes 5 (5, 5) pts,
junte las agujas de modo que estén en paralelo, se junten
los lados del revés de la labor, y las puntas de las agujas
estén mirando a la derecha (la aguja de la derecha está
detrás), pase el siguiente punto a una aguja de ganchillo;
será el punto 22.º (24.º-25.º) de la vuelta.
Introduzca la aguja de ganchillo en el punto 21.º (23.º-24.º)
de la aguja derecha y páselo a través del punto que hay
en la aguja de ganchillo. Rep del mismo modo desde *
hasta * como cuando cerró la primera púa (vuelta 6),
pd6 (6, 7). 22 (24, 26) pts.
Vuelta 14 (14, 14): pd.
Vuelta 15 (15, 15): pd15 (17, 18), ph, pd1, ph, pd6 (6, 7).
24 (26, 28) pts.
Vuelta 16 (16, 16): pd16 (18, 19), ph, pd1, ph, pd7 (7, 8).
26 (28, 30) pts.
Vuelta 17 (17, 17): pd17 (19, 20), ph, pd1, ph, pd8 (8, 9).
28 (30, 32) pts.

Las manoplas del precioso dragón con
sus pequeñas púas.

Vuelta 18 (18, 18): pd18 (20, 21), ph, pd1, ph, pd9 (9, 10).
30 (32, 34) pts.
Vuelta 19 (19, 19): pd19 (21, 22), ph, pd1, ph, pd10 (10, 11).
32 (34, 36) pts.
Vuelta 20 (20, 20): rep vuelta 13 (13, 13). 22 (24, 26) pts.
Vuelta 21 (21, 21)-22 (26, 28): pd.
Cierre la parte superior
Vuelta 23 (27, 29): t2pdj hasta el final de la vuelta. 11
(12, 13) pts.
Vuelta 24 (28, 30): pd.
Vuelta 25 (29, 31): t2pdj hasta el final de la vuelta (si al
llegar al final de la vuelta le queda solo un punto, téjalo).
6 (6, 7) pts.
Acabe del mismo modo que cuando cerró la manopla
izquierda.

Pulgar

Pase los 7 (9, 9) puntos que había dejado en espera
a unas agujas de doble punta de 3,25 mm. Vuelva a unir
la labor y coja un punto adicional en la esquina donde la
mano se encuentra con el escudete. Coloque un marcador
al comienzo de la vuelta. 8 (10, 10) pts.
Vueltas 1-6 (1-6, 1-8): pd.
Vuelta 7 (9, 9): t2pdj hasta el final de la vuelta. 4 (5, 5) pts.
Remate como en la parte de la mano. Cierre la parte
superior.

animales
adorables

pequeño panda

El gorro, las manoplas y los patucos del pequeño panda son sencillos de tejer y el resultado es realmente adorable. Los ojos y las orejas son de punto, y la nariz y las pupilas, bordados.

GORRO, MANOPLAS Y PATUCOS
NIVEL: intermedio

TALLAS
6-12 meses (12-24 meses, 2-3 años)

Medidas de la prenda acabada
De «mejilla a mejilla» alrededor del gorro:
36 (37, 38) cm

Circunferencia de las manoplas:
13,75 (15, 16,25) cm

Longitud de las manoplas:
14 (16,5, 18) cm

Patucos de talón a punta de los dedos:
7,5 (9, 11) cm

MATERIALES
GORRO
Hilo principal:
Color A: 1 ovillo de 85 g (123 m) de hilo Lion Brand Jiffy, 100 % acrílico, blanco
Color B: 1 ovillo de 85 g (123 m) de hilo Lion Brand Jiffy, 100 % acrílico, negro

Agujas:
• 1 par de agujas de 3,25 mm
• Agujas circulares de 3,25 mm
• Marcador de puntos
• Aguja de ganchillo de 2,75 mm
• Aguja de coser

MANOPLAS
Hilo principal:
Color A: 1 ovillo de 85 g (123 m) de hilo Lion Brand Jiffy, 100 % acrílico, negro
Cantidades pequeñas:
Color B: hilo Lion Brand Jiffy, 100 % acrílico, blanco

Agujas:
• 4 agujas de 2 mm de doble punta
• 4 agujas de 3,25 mm de doble punta
• Aguja de ganchillo de 2,75 mm
• Aguja de coser

PATUCOS
Hilo principal:
Color A: 1 ovillo de 85 g (123 m) de hilo Lion Brand Jiffy, 100 % acrílico, negro
Cantidades pequeñas:
Color B: hilo Lion Brand Jiffy, 100 % acrílico, blanco

Agujas:
• 4 agujas de 3,25 mm de doble punta
• Aguja de ganchillo de 2,75 mm
• Aguja de coser

TENSIÓN
16 pts y 25 vueltas = cuadrado de 10 cm en punto de media con agujas de 3,25 mm
19 pts y 28 vueltas = cuadrado de 10 cm en punto inglés pd1 pr1 con agujas de 3,25 mm

---

GORRO

Con un par de agujas de 3,25 mm y el hilo A, monte 57 (61, 65 pts).

Vueltas 1-6 (6, 6): punto inglés de pd1, pr1.

Vueltas 7-30 (30, 32): haga punto de media comenzando con una vuelta de pd.

Vueltas 31 (31, 33): pd18 (19, 21), t2pdj, pd17 (19, 19), t2pdj, dé la vuelta. 55 (59, 63) pts.

Vueltas 32 (32, 34): pp, pr17 (19, 19), t2prj, dé la vuelta, 54 (58, 62) pts.

Vuelta 33 (33, 35): pp, pd17 (19, 19), t2pdj, dé la vuelta, 53 (57, 61) pts.

Rep. las vueltas 32 (32, 34) y 33 (33, 35) hasta la vuelta 54 (56, 62). 32 (34, 34) pts.

Vuelta 55 (57, 63): pp, *pr1, pd1* rep. desde * hasta * 8 (9, 9) veces, pr1, t2pdj, dé la vuelta, 31 (33, 33) pts.

Vuelta 56 (58, 64): pp, *pd1, pr1* rep. desde * hasta * 8 (9, 9) veces, pd1, t2prj, dé la vuelta, 30 (32, 32) pts.

Rep. las vueltas 55 (57, 63) y 56 (58, 64) hasta la vuelta 66 (68, 74), 20 (22, 22) pts.

Cuello

Cambie a una aguja circular de 3,25 mm y al hilo B. Coloque un marcador al principio de la vuelta.

Vuelta 67 (69, 75): pp, *pr1, pd1* rep. desde * hasta * 8 (9, 9) veces, pr1, t2pdj, coja 13 (12, 12) pts por un lado del gorro, monte 7 (7, 7) pts, una la labor para tejer en redondo, con cuidado de no retorcerla, coja 13 (12, 12) pts por el otro lado del gorro. 52 (52, 52) pts.

Vueltas 68-77 (70-81, 76-89): punto inglés de pd1, pr1.

Vuelta 78 (82, 90): pd2 (3, 3), ph, pd2, ph, pd11 (11, 11), ph, pd2, ph, pd11 (11, 11), ph, pd2, ph, pd11 (11, 11), ph, pd2, ph, pd9 (8, 8). 60 (60, 60) pts.

Vuelta 79 (83, 91): pd3 (4, 4), ph, pd2, ph, pd13 (13, 13), ph, pd2, ph, pd13 (13, 13), ph, pd2, ph, pd13 (13, 13), ph, pd2, ph, pd10 (9, 9). 68 (68, 68) pts.

Vuelta 80 (84, 92): pd4 (5, 5), ph, pd2, ph, pd15 (15, 15), ph, pd2, ph, pd15 (15, 15), ph, pd2, ph, pd15 (15, 15), ph, pd2, ph, pd11 (10, 10). 76 (76, 76) pts.

Vuelta 81 (85, 93): pd5 (6, 6), ph, pd2, ph, pd17 (17, 17), ph, pd2, ph, pd17 (17, 17), ph, pd2, ph, pd17 (17, 17), ph, pd2, ph, pd12 (11, 11). 84 (84, 84) pts.

Vuelta 82 (86, 94): pd6 (7, 7), ph, pd2, ph, pd19 (19, 19), ph, pd2, ph, pd19 (19, 19), ph, pd2, ph, pd19 (19, 19), ph, pd2, ph, pd13 (12, 12). 92 (92, 92) pts.

Vuelta 83 (87, 95): pd7 (8, 8), ph, pd2, ph, pd21 (21, 21), ph, pd2, ph, pd21 (21, 21), ph, pd2, ph, pd21 (21, 21), ph, pd2, ph, pd14 (13, 13). 100 (100, 100) pts.

Vuelta (88, 96) (solo las dos tallas más grandes): pd (9, 9), ph, pd2, ph, pd (23, 23), ph, pd2, ph, pd (23, 23), ph, pd2, ph, pd (23, 23), ph, pd2, ph, pd (14, 14). (108, 108) pts.

Vuelta (89, 97) (solo las dos tallas más grandes): pd (10, 10), ph, pd2, ph, pd (25, 25), ph, pd2, ph, pd

Los largos puños de las manoplas abrigan muy bien las manos y las muñecas.

Los dos tonos de las manoplas hacen
juego con el gorro.

(25, 25), ph, pd2, ph, pd (25, 25), ph, pd2, ph, pd (15, 15).
(116, 116) pts.
Vuelta (98) (solo la talla más grande): pd (11), ph, pd2,
ph, pd (27), ph, pd2, ph, pd (27), ph, pd2, ph, pd (27), ph,
pd2, ph, pd (16). (124) pts.
Vuelta (99) (solo la talla más grande): pd (12), ph, pd2,
ph, pd (29), ph, pd2, ph, pd (29), ph, pd2, ph, pd (29), ph,
pd2, ph, pd (17). (132) pts.
Vuelta 84-89 (90-95, 100-105) (todas las tallas):
punto inglés de pd1, pr1.
Remate y entreteja los hilos.

Orejas (confeccione 2)

Con un par de agujas de 3,25 mm e hilo B, monte 23 pts
y deje un extremo de hilo de 20 cm para coser las orejas
en su sitio.
Vueltas 1-5: punto inglés pd1, pr1.
Corte un trozo de hilo lo bastante largo como para
entretejer. Pase los 23 puntos y sáquelos de las agujas.
Tire del hilo con firmeza y asegúrelo. Haga un nudo
fuerte.

Ojos (confeccione 2)

Con una aguja de ganchillo de 2,75 mm e hilo B, c4.
Una con pra para formar un aro.
Vuelta 1: c3, 13 pa en aro, una con pra por la parte
superior de las 3 primeras c. 14pa.
Remate y deje un extremo de hilo lo bastante largo
como para coser.

ACABAR LA PIEZA

1   Usando B, borde la nariz en mitad del canalé central,
a la altura aproximadamente de las vueltas tercera
y cuarta. La nariz está compuesta de tres líneas rectas:
una larga, otra mediana y otra corta.
2   Cosa las orejas al gorro en la posición que se indica.
3   Cosa los ojos al gorro como se indica y borde
dos pequeñas pupilas en punto satén, una por cada
ojo, usando A.
4   Entreteja los extremos sueltos.

MANOPLAS

(CONFECCIONE 2)

Puño

Use unas agujas de 2 mm de doble punta y B, monte
22 (24, 26) pts y divídalos de manera uniforme entre
3 agujas. Una la labor para tejer en redondo con cuidado
de no retorcerla. Coloque un marcador al principio de
la vuelta.
Vueltas 1-10 (1-12, 1-14): punto inglés de pd1, pr1.

Escudete del pulgar

Cambie a unas agujas de 3,25 mm de doble punta
para tejer el resto de la manopla.
Vuelta 1: aum1d, pd hasta el final de la vuelta. 23
(25, 27) pts.
Vuelta 2: pd.
Vuelta 3: aum1d, pd1, aum1iz, pd hasta el final de la vuelta.
25 (27, 29) pts.
Vuelta 4: pd.
Vuelta 5: aum1d, pd3, aum1iz, pd hasta el final de la vuelta.
27 (29, 31) pts.
Vuelta 6: pd.
Vuelta 7: aum1d, pd5, aum1iz, pd hasta el final de la vuelta.
29 (31, 33) pts.
Vuelta 8: pd.
Vuelta (9, 9) (solo las dos tallas más grandes): aum1d,
pd7, aum1iz, pd hasta el final de la vuelta. (33, 35) pts.
Vuelta 9 (9, 9) (10, 10): pd1, ponga en espera 7 (9, 9)
puntos del pulgar empleando una hebra de hilo sobrante
y vuelva a unir la labor para tejer los puntos de la mano
en redondo, pd21 (23, 25), 22 (24, 26) pts.
Vueltas 10-22 (11-26, 11-28): pd.
Cierre la parte superior
Vueltas 23 (27, 29): t2pdj hasta el final de la vuelta.
11 (12, 13) pts.
Vuelta 24 (28, 30): pd.
Vuelta 25 (29, 31): t2pdj hasta el final de la vuelta (si llega
al final de la vuelta y le sobra un punto, téjalo). 6 (6, 7) pts.

Deje un trozo lo bastante largo como para entretejerlo. Haga pasar el hilo por todos los puntos y sáquelos de las agujas. Tire del hilo con firmeza y asegúrelo. Entreteja los hilos sueltos.

Pulgar

Cambie a B.

Pase los 7 (9, 9) puntos del pulgar que había dejado en espera a 3 agujas de doble punta de 3,25 mm. Vuelva a unir el hilo y coja un punto adicional en la esquina donde la parte de la palma se une con el escudete. 8 (10, 10) pts.

Vueltas 1-6 (1-6, 1-8): pd.

Vuelta 7 (7, 9): t2pdj hasta el final de la vuelta. 4 (5, 5) pts. Cierre la parte superior como en el caso de la parte de la palma.

Ojos y orejas (confeccione 8)

Con la aguja de ganchillo de 2,75 mm, haga 4 en B, 4 en C: c4. Una con pra para formar un aro.

Vuelta 1: 7pb en aro.

Acabe con pra en siguiente pt para unir.

Remate y deje un extremo de hilo lo bastante largo como para coser.

ACABAR LA PIEZA

1 Cosa los ojos a las manoplas.
2 Con el hilo A, borde dos pequeñas pupilas (reflejos) en punto satén.
3 Cosa las orejas a las manoplas.
4 Con el hilo B, borde la nariz en punto satén.
5 Entreteja los hilos sueltos.

PATUCOS

(CONFECCIONE 2)

Use agujas de doble punta de 3,25 mm y B, monte 24 (26, 28) pts y divídalos de manera uniforme entre 3 agujas. Una la labor para tejer en redondo con cuidado de no retorcerla. Coloque un marcador al principio de la vuelta.

Vueltas 1-10 (1-12, 1-12): punto inglés pd1, pr1.
Vueltas 11-13 (13-15, 15-17): pd.

Talón

Vuelta 14 (16, 18): pd12 (13, 14), dé la vuelta.
Vuelta 15 (17, 19): pr12 (13, 14), dé la vuelta.
Rep. vueltas 14 (16, 18) y 15 (17, 19) hasta la vuelta 19 (21, 23).
Vuelta 20 (22, 24): pd2, t2pdj, pd4 (5, 6), t2pdj, dé la vuelta. 22 (24, 26) pts.
Vuelta 21 (23, 25): pp, pr4 (5, 6), t2prj, dé la vuelta. 21 (23, 25) pts.
Vuelta 22 (24, 26): pp, pd4 (5, 6), t2pdj, dé la vuelta. 20 (22, 24) pts.
Vuelta 23 (25, 27): pp, pr4 (5, 6), t2prj, dé la vuelta. 19 (21, 23) pts.
Trabaje en redondo a partir de ahora.
Vuelta 24 (26, 28): pp, pd4 (5, 6), t2pdj, coja 3 pts en la parte inferior del talón, pd12 (13, 14). 21 (23, 25) pts.
Vuelta 25 (27, 29): coja 3 pts en la parte superior del talón, pd21 (23, 25). 24 (26, 28) pts.
Vueltas 26-28 (28-34, 30-40): pd.
Cambie a A.

Vueltas 29-40 (35-46, 41-52): pd.
Cierre la punta del patuco
Vuelta 41 (47, 53): t2pdj hasta el final de la vuelta. 12 (13, 14) pts.
Vuelta 42 (48, 54): pd.
Vuelta 43 (49, 55): (si está disminuyendo y al final de la vuelta solo le queda un punto, téjalo.) 6 (7, 7) pts. Deje un extremo de hilo lo bastante largo como para entretejer. Haga pasar el hilo por todos los puntos y sáquelos de las agujas. Tire con firmeza del hilo y asegúrelo.

Ojos y orejas (confeccione 8)

Hágalas igual que en el caso de las manoplas.

ACABAR LA PIEZA

1 Cosa los ojos a los patucos.
2 Con A, borde dos pequeñas pupilas (reflejos) en punto satén.
3 Cosa las orejas a los patucos.
4 Con B, borde la nariz en punto satén.
5 Entreteja los extremos sueltos.

Los patucos, perfectos para las tardes de invierno en casa, completan el conjunto.

tiburoncito

Este adorable gorro con las manoplas a juego tiene unos rasgos de tiburón muy llamativos que con seguridad atraerán a su hijo. En las dos prendas se aplican detalles de ganchillo.

GORRO Y MANOPLAS
NIVEL: avanzado

TALLAS
6-12 meses (12-24 meses, 2-3 años)

Medidas de la prenda acabada
De «mejilla a mejilla» alrededor del gorro:
36 (37, 38) cm

Circunferencia de las manoplas:
13,75 (15, 16,25) cm

Longitud de las manoplas:
14 (16,5, 18) cm

MATERIALES
GORRO
Hilo principal:
Color A: 1 ovillo de 85 g (123 m) de hilo Lion Brand Jiffy, 100 % acrílico, azul (Heather Blue), grueso (Bulky) 5.

Cantidades pequeñas:
Color B: 1 ovillo de 85 g (123 m) de hilo Lion Brand Pound of Love Baby, 100 % acrílico, blanco, medio (Medium) 4.

Color C: 1 ovillo de 85 g (123 m) de hilo Lion Brand Jiffy, 100 % acrílico, blanco, grueso (Bulky) 5.

Color D: 1 ovillo de 85 g (123 m) de hilo Lion Brand Jiffy, 100 % acrílico, negro.

Agujas:
• Agujas de 3,25 mm de doble punta
• Agujas circulares de 3,25 mm

• Aguja de coser para entretejer hilos sueltos
• Aguja de ganchillo de 3 mm
• Agujas de 2 mm de doble punta
• Agujas de 3,25 de doble punta
• Un poco de relleno para muñecos

MANOPLAS
Hilo principal:
Color A: 1 ovillo de 85 g (123 m) de hilo Lion Brand Jiffy, 100 % acrílico, azul (Heather Blue), grueso (Bulky) 5.

Cantidades pequeñas:
Color B: hilo Lion Brand Pound of Love Baby, 100 % acrílico, blanco, medio (Medium) 4.

Color C: hilo Lion Brand Jiffy, 100 % acrílico, blanco, grueso (Bulky) 5.

Color D: hilo Lion Brand Jiffy, 100 % acrílico, negro, grueso (Bulky) 5.

Agujas:
• Agujas de 2 mm de doble punta
• Agujas de 3,25 mm de doble punta
• Aguja de ganchillo de 3 mm
• Aguja de coser para entretejer hilos sueltos

TENSIÓN
16 pts y 25 vueltas = cuadrado de 10 cm en punto de media con agujas de 3,25 mm
19 pts y 28 vueltas = cuadrado de 10 cm en punto inglés pd1 pr1 con agujas de 3,25 mm

GORRO
Con un par de agujas de 3,25 mm y el hilo A, monte 57 (61, 65 pts).

Vueltas 1-6 (6, 6): punto inglés de pd1, pr1.

Vueltas 7-10: haga punto de media.

Dé forma a la aleta grande central

Vuelta 11: pd28 (30, 32), ph, pd1, ph, pd28 (30, 32). 59 (63, 67) pts.

Vuelta 12: pr29 (31, 33), ph, pr1, ph, pr29 (31, 33). 61 (65, 69) pts.

Vuelta 13: pd30 (32, 34), ph, pd1, ph, pd30 (32, 34). 63 (67, 71) pts.

Vuelta 14: pr31 (33, 35), ph, pr1, ph, pr31 (33, 35). 65 (69, 73) pts.

Vuelta 15: pd32 (34, 36), ph, pd1, ph, pd32 (34, 36). 67 (71, 75) pts.

Vuelta 16: pr33 (35, 37), ph, pr1, ph, pr33 (35, 37). 69 (73, 77) pts.

Vuelta 17: pd34 (36, 38), ph, pd1, ph, pd34 (36, 38). 71 (75, 79) pts.

Vuelta 18: pr35 (37, 39), ph, pr1, ph, pr35 (37, 39). 73 (77, 81) pts.

Dé forma a las aletas pequeñas laterales

Vuelta 19: pd15 (15, 15), ph, pd1, ph, pd20 (22, 24), ph, pd1, ph, pd20 (22, 24), ph, pd1, ph, pd15 (15, 15). 79 (83, 87) pts.

Vuelta 20: pr16 (16, 16), ph, pd1, ph, pd22 (24, 26), ph, pd1, ph, pd22 (24, 26), ph, pd1, ph, pd16 (16, 16). 85 (89, 93) pts.

Vuelta 21: pd17 (17, 17), ph, pd1, ph, pd24 (26, 28), ph, pd1, ph, pd24 (26, 28), ph, pd1, ph, pd17 (17, 17). 91 (95, 99) pts.

Vuelta 22: pr18 (18, 18), ph, pr1, ph, pr26 (28, 30), ph, pr1, ph, pr26 (28, 30), ph, pr1, ph, pr18 (18, 18). 97 (101, 105) pts.

Vuelta 23: pd19 (19, 19), ph, pd1, ph, pd28 (30, 32), ph, pd1, ph, pd28 (30, 32), ph, pd1, ph, pd19 (19, 19). 103 (107, 111) pts.

Vuelta 24: pr20 (20, 20), ph, pr1, ph, pr30 (32, 34), ph, pr1, ph, pr30 (32, 34), ph, pr1, ph, pr20 (20, 20). 109 (113, 117) pts.

Vuelta 25: pd21 (21, 21), ph, pd1, ph, pd32 (34, 36), ph, pd1, ph, pd32 (34, 36), ph, pd1, ph, pd21 (21, 21). 115 (119, 123) pts.

Vuelta 26: pr22 (22, 22), ph, pr1, ph, pr34 (36, 38), ph, pr1, ph, pr34 (36, 38), ph, pr1, ph, pr22 (22, 22). 121 (125, 129) pts.

Cierre las aletas pequeñas (consulte página 139 para ver el dibujo)

Vuelta 27: pd15 (15, 15), pp siguientes 8 pts, junte las agujas de modo que estén en paralelo, se junten los lados del revés de la labor, y las puntas de las agujas estén mirando a la derecha (la aguja de la derecha está detrás), pase el siguiente punto a una aguja de ganchillo; será el punto 24.º de la vuelta.

Introduzca la aguja de ganchillo en el 23.º punto (de la aguja derecha) y páselo a través del punto que hay en la aguja de ganchillo.

Continúe del siguiente modo:

El tiburoncito tiene un aspecto fabuloso tanto por delante como por detrás. Fíjese en la fotografía de la derecha para coser los ojos.

**pase el siguiente pt de la aguja izquierda por el pt que hay en la aguja de ganchillo,

pase el siguiente pt de la aguja derecha por el pt que hay en la aguja de ganchillo,**

repita desde ** hasta ** hasta haber pasado el último pt de la aguja derecha por el siguiente punto de la aguja izquierda, pase el siguiente pt de la aguja izquierda por el pt que hay en la aguja de ganchillo, pase este punto a la aguja izquierda, devuelva las agujas a su posición normal, pd29 (31, 33), ph, pd1, ph, pd28 (30, 32) pts. pp siguientes 8 pts, junte las agujas de modo que estén en paralelo, se junten los lados del revés de la labor, y las puntas de las agujas estén mirando a la derecha (la aguja de la derecha está detrás), pase el siguiente punto a una aguja de ganchillo. Repita como en el caso de la primera aleta pequeña hasta el último pt de la aguja derecha haya pasado por el siguiente pt de la aguja izquierda, pase el siguiente pt de la aguja izquierda a través del punto que hay en la aguja de ganchillo, haga pasar este pt de nuevo a la aguja izquierda, coloque las agujas en su posición normal, pd16 (16, 16). 91 (95, 99) pts.

A los niños les encantarán las minialetas de las manoplas.

Vuelta 28: pr45 (47, 49), ph, pr1, ph, pr45 (47, 49). 93 (97, 105).

Cierre la aleta grande

Vuelta 29: pd28 (30, 32), pp siguientes 18 (18, 18) pts, junte las agujas de modo que estén en paralelo, se junten los lados del revés de la labor, y las puntas de las agujas estén mirando a la derecha (la aguja de la derecha está detrás), pase el siguiente punto a una aguja de ganchillo; será el punto 47.º de la vuelta.

introduzca la aguja de ganchillo en el 46.º punto (de la aguja derecha) y páselo a través del punto que hay en la aguja de ganchillo.

Continúe del siguiente modo:

**pase el siguiente pt de la aguja izquierda por el pt que hay en la aguja de ganchillo,

pase el siguiente pt de la aguja derecha por el pt que hay en la aguja de ganchillo,**

repita desde ** hasta ** hasta haber pasado el último pt de la aguja derecha por el siguiente punto de la aguja izquierda, pase el siguiente pt de la aguja izquierda por el pt que hay en la aguja de ganchillo, pase este punto a la aguja izquierda, devuelva las agujas a su posición normal, pd29 (31, 33). 57 (61, 65) pts.

Vuelta 30: pr57 (61, 65). 57 (61, 65) pts.

Solo el tamaño mayor:

Vuelta 31: pd65.

Vuelta 32: pr65.

Todos los tamaños:

Vueltas 31 (31, 33): pd18 (19, 21), t2pdj, pd17 (19, 19), t2pdj, pp, dé la vuelta. 55 (59, 63) pts.

Vueltas 32 (32, 34): pr17 (19, 19), t2prj, pp, dé la vuelta. 54 (58, 62) pts.

Vueltas 33 (33, 35): pd17 (19, 19), t2pdj, pp, dé la vuelta. 53 (57, 61) pts.

Rep vueltas 32 (32, 34) y 33 (33, 35) hasta vuelta 54 (56, 62), 32 (34, 34) pts.

Vuelta 55 (57, 63): *pr1, pd1* rep. desde * hasta * 8 (9, 9) veces, pr1, t2pdj, pp, dé la vuelta, 31 (33, 33) pts.

Vuelta 56 (58, 64): *pd1, pr1* rep. desde * hasta * 8 (9, 9) veces, pd1, t2prj, pp, dé la vuelta, 30 (32, 32) pts. Rep. hasta la vuelta 66 (68, 74), 20 (22, 22) pts.

Cuello

Cambie a una aguja circular de 3,25 mm y al hilo B. Coloque un marcador al principio de la vuelta.

Vuelta 67 (69, 75): pp, *pr1, pd1* rep. desde * hasta * 8 (9, 9) veces, pr1, t2pdj, coja 13 (12, 12) pts por un lado del gorro, monte 7 (7, 7) pts, una labor para tejer en redondo, con cuidado de no retorcerla, coja 13 (12, 12) pts por el otro lado del gorro. 52 (52, 52) pts.

Vuelta 78 (82, 90): pd2 (3, 3), ph, pd2, ph, pd11 (11, 11), ph, pd2, ph, pd11 (11, 11), ph, pd2, ph, pd11 (11, 11), ph, pd2, ph, pd9 (8, 8). 60 (60, 60) pts.

Vuelta 79 (83, 91): pd3 (4, 4), ph, pd2, ph, pd13 (13, 13), ph, pd2, ph, pd13 (13, 13), ph, pd2, ph, pd13 (13, 13), ph, pd2, ph, pd10 (9, 9). 68 (68, 68) pts.

Vuelta 80 (84, 92): pd4 (5, 5), ph, pd2, ph, pd15 (15, 15), ph, pd2, ph, pd15 (15, 15), ph, pd2, ph, pd15 (15, 15), ph, pd2, ph, pd11 (10, 10). 76 (76, 76) pts.

El gorro se ajusta cómodamente a la cabeza del niño, pero tiene un tacto suave.

Vuelta 81 (85, 93): pd5 (6, 6), ph, pd2, ph, pd17 (17, 17), ph, pd2, ph, pd17 (17, 17), ph, pd2, ph, pd17 (17, 17), ph, pd2, ph, pd12 (11, 11). 84 (84, 84) pts.

Vuelta 82 (86, 94): pd6 (7, 7), ph, pd2, ph, pd19 (19, 19), ph, pd2, ph, pd19 (19, 19), ph, pd2, ph, pd19 (19, 19), ph, pd2, ph, pd13 (12, 12). 92 (92, 92) pts.

Vuelta 83 (87, 95): pd7 (8, 8), ph, pd2, ph, pd21 (21, 21), ph, pd2, ph, pd21 (21, 21), ph, pd2, ph, pd21 (21, 21), ph, pd2, ph, pd14 (13, 13). 100 (100, 100) pts.

Vuelta (88, 96) (solo las dos tallas más grandes): pd (9, 9), ph, pd2, ph, pd (23, 23), ph, pd2, ph, pd (23, 23), ph, pd2, ph, pd (23, 23), ph, pd2, ph, pd (14, 14). (108, 108) pts.

Vuelta (89, 97) (solo las dos tallas más grandes): pd (10, 10), ph, pd2, ph, pd (25, 25), ph, pd2, ph, pd (25, 25), ph, pd2, ph, pd (25, 25), ph, pd2, ph, pd (15, 15). (116, 116) pts.

Vuelta (98) (solo la talla más grande): pd (11), ph, pd2, ph, pd (27), ph, pd2, ph, pd (27), ph, pd2, ph, pd (27), ph, pd2, ph, pd (16). (124) pts.

Vuelta (99) (solo la talla más grande): pd (12), ph, pd2, ph, pd (29), ph, pd2, ph, pd (29), ph, pd2, ph, pd (29), ph, pd2, ph, pd (17). (132) pts.

Vueltas 84-89 (90-95, 100-105) (todas las tallas): punto inglés de pd1, pr1.
Remate y entreteja los hilos.

Ojos (confeccione 2)

Este diseño se teje con ganchillo en espiral. No una la labor al final de la vuelta; continúe trabajando.
Con la aguja de ganchillo y C, c4. Una con pra para formar un aro.
Vuelta 1: 7pb en el aro.
Vuelta 2: 2pb en cada pb. 14 pb.
Vuelta 3: 14 pb.
Vuelta 4: 14 pb.

Acabe con pra en el siguiente punto para unir la labor. Asegure el hilo dejando un extremo lo bastante largo como para coser.

Pupilas (confeccione 2)

Con la aguja de ganchillo y D, c4. Una con pra para formar un aro.
Vuelta 1: 7pb en el aro.
Asegure el hilo dejando un trozo lo bastante largo como para coser.

ACABAR LA PIEZA

1 Cosa las pupilas a los globos oculares.
2 Con C, borde los dos brillos pequeños de las pupilas en punto satén.
3 Remeta los extremos sueltos del hilo por dentro del ojo y añada también un poco de relleno, si lo desea.
4 Cosa los ojos al gorro.

Dientes

Con la aguja de ganchillo y B:
Vuelta 1: con el lado del derecho mirando hacia usted, una el hilo en el lado de los puntos montados debajo de la barbilla. Haga 1 pb en cada uno de los 7 pts montados, luego haga 1 pb en cada uno de los 57 (61, 65) pts que rodean la abertura para la cara; acabe con pra en el primer pt para unir. 64 (68, 72).
Vuelta 2: con el lado del derecho mirando hacia usted, una el hilo B en la vuelta 1 al nivel de la primera aleta pequeña y comience a hacer los dientes:
1pra, c4, 1pra en 2.ª c. desde aguja, 1 pb en 3.ª c desde aguja, 1mpa en 4.ª c desde aguja, sáltese siguiente pb de vuelta 1 rep desde * hasta * hasta que llegue al nivel de la segunda aleta pequeña; acabe con pra en siguiente pb. Fíjese en la fotografía como referencia. Remate. Entreteja los extremos sueltos de hilo.

MANOPLA DERECHA

Puño

Use unas agujas de 2 mm de doble punta, monte 22 (24, 26) pts y divídalos de manera uniforme entre 3 agujas. Una la labor para tejer en redondo con cuidado de no retorcerla. Coloque un marcador al principio de la vuelta.

Vueltas 1-10 (1-12, 1-14): punto inglés de pd1, pr1.

Escudete del pulgar

Cambie a unas agujas de 3,25 mm de doble punta para tejer el resto de la manopla.

Vuelta 1: aum1iz, pd hasta el final de la vuelta. 23 (25, 27) pts.

Vuelta 2: pd.

Vuelta 3: aum1iz, pd1, aum1d, pd15 (16, 17), ph, pd1, ph, pd4 (5, 6). 27 (29, 31) pts.

Vuelta 4: pd21 (22, 23), ph, pd1, ph, pd5 (6, 7). 29 (31, 33) pts.

Vuelta 5: aum1iz, pd3, aum1d, pd17 (18, 19), ph, pd1, ph, pd6 (7, 8). 33 (35, 37) pts.

Vuelta 6: pd25 (26, 27), ph, pd1, ph, pd7 (8, 9). 35 (37, 39) pts.

Vuelta 7: aum1iz, pd5, aum1d, pd19 (20, 21), ph, pd1, ph, pd8 (9, 10). 39 (41, 43) pts.

Vuelta 8: pd29 (30, 31), ph, pd1, ph, pd9 (10, 11). 41 (43, 45) pts.

Vuelta (9, 9) (solo las dos tallas más grandes): aum1iz, pd7, aum1d, pd pd (22, 23), ph, pd1, ph, pd (11, 12). (47, 49) pts.

Vuelta 9 (10, 10): pd1, haga 7 (9, 9) puntos del pulgar con hilo sobrante y vuelva a unir la labor para tejer los puntos de la mano en redondo, (34 [38, 40] pts), pd23 (25, 26), ph, pd1, ph, pd10 (12, 13). 36 (40, 42) pts.

Cierre la parte superior (consulte los dibujos de la página 139)

Vueltas 10 (11, 11): pd17 (18, 19), pp siguientes 7 (8, 8) pts, junte las agujas de modo que estén en paralelo, se junten los lados del revés de la labor, y las puntas de las agujas estén mirando a la derecha (la aguja de la derecha está detrás), pase el siguiente punto a una aguja de ganchillo; será el punto 25.º (27.º, 28.º) de la vuelta.

Introduzca la aguja de ganchillo en el punto 24.º (26.º, 27.º) (de la aguja derecha) y páselo a través del punto que hay en la aguja de ganchillo.

Continúe del siguiente modo:

**pase el siguiente pt de la aguja izquierda por el pt que hay en la aguja de ganchillo,

pase el siguiente pt de la aguja derecha por el pt que hay en la aguja de ganchillo,**

repita desde ** ** hasta haber pasado el último pt de la aguja derecha por el siguiente punto de la aguja izquierda, pase el siguiente pt de la aguja izquierda por el pt que hay en la aguja de ganchillo, pase este punto a la aguja izquierda, devuelva las agujas a su posición normal, pd5 (6, 7). 22 (24, 26) pts.

Vueltas 11-22 (12-26, 12-28): pd.

Cierre la parte superior

Vuelta 23 (27, 29): t2pdj hasta el final de la vuelta. 11 (12, 13) pts. Si está disminuyendo, llega al final de la vuelta y le sobra un punto, téjalo.

Vuelta 24 (28, 20): pd. 11 (12, 13) pts.

Vuelta 25 (29, 31): t2pdj hasta el final de la vuelta (si llega al final de la vuelta y le sobra un punto, téjalo). 6 (6, 7) pts.

Deje un extremo lo bastante largo como para entretejerlo. Pase el hilo por todos los puntos y sáquelos de las agujas. Tire del hilo con firmeza y asegúrelo. Entreteja los hilos sueltos.

Pulgar

Pase los 7 (9, 9) puntos del pulgar que había dejado en espera a 3 agujas de doble punta de 3,25 mm. Vuelva a unir el hilo y coja un punto adicional en la esquina donde la parte de la palma se une con el escudete. 8 (10, 10) pts. Coloque un marcador al principio de la vuelta.

Vueltas 1-6 (6, 8): pd.

Vuelta 7 (7, 9): t2pdj hasta el final de la vuelta. 4 (5, 5) pts.

Acabe como cuando cerró la parte superior de la manopla.

MANOPLA IZQUIERDA

Puño

Use unas agujas de 2 mm de doble punta, monte 22 (24, 26) pts y divídalos de manera uniforme entre 3 agujas. Una la labor para tejer en redondo con cuidado de no retorcerla.

Vueltas 1-10 (1-12, 1-14): punto inglés de pd1, pr1.

Escudete del pulgar

Cambie a unas agujas de 3,25 mm de doble punta para tejer el resto de la manopla.

Vuelta 1: aum1iz, pd hasta el final de la vuelta. 23 (25, 27) pts.

Vuelta 2: pd.

Vuelta 3: aum1iz, pd1, aum1d, pd4 (5, 6), ph, pd1, ph, pd15 (16, 17). 27 (29, 31) pts.

Vuelta 4: pd10 (11, 12), ph, pd1, ph, pd16 (17, 18). 29 (31, 33) pts.

Vuelta 5: aum1iz, pd3, aum1d, pd6 (7, 8), ph, pd1, ph, pd17 (18, 19). 33 (35, 37) pts.

Vuelta 6: pd14 (15, 16), ph, pd1, ph, pd18 (19, 20). 35 (37, 39) pts.

Vuelta 7: aum1iz, pd5, aum1d, pd8 (9, 10), ph, pd1, ph, pd19 (20, 21). 39 (41, 43) pts.

Vuelta 8: pd18 (19, 20), ph, pd1, ph, pd20 (21, 22). 41 (43, 45) pts.

Vuelta (9, 9) (solo las dos tallas más grandes): aum1iz, pd7 (7), aum1d, pd (11, 12), ph, pd1, ph, pd (22, 23). 47, 49 pts.

Vuelta 9 (10, 10): haga 7 (9, 9) puntos del pulgar con hilo sobrante y vuelva a unir la labor para tejer los puntos de la mano en redondo (34 [38, 40] pts), pd12 (14, 15), ph, pd1, ph, pd1 (23, 24). 36 (40, 42) pts.

Cierre la parte superior

Vuelta 10 (11, 11): pd6 (7, 8), pp siguientes 7 (8, 8) pts, junte las agujas de modo que queden en paralelo, se juntan los lados del revés de la labor, y las puntas de las agujas estén mirando a la derecha (la aguja de la derecha está detrás), pase el siguiente punto a una aguja de ganchillo; será el punto 14.º (16.º, 17.º) de la vuelta.

Introduzca la aguja de ganchillo en el punto 13.º (15.º, 16.º) (de la aguja derecha) y páselo a través del punto que hay en la aguja de ganchillo.

Continúe del siguiente modo:

**pase el siguiente pt de la aguja izquierda por el pt que hay en la aguja de ganchillo,

pase el siguiente pt de la aguja derecha por el pt que hay en la aguja de ganchillo,**

repita desde ** hasta ** hasta haber pasado el último pt de la aguja derecha por el siguiente punto de la aguja izquierda, pase el siguiente pt de la aguja izquierda por el pt que hay en la aguja de ganchillo, pase este punto a la aguja izquierda, devuelva las agujas a su posición normal, pd16 (17, 18). 22 (24, 26) pts.

Vueltas 11-22 (12-26, 12-28): pd.

Cierre la parte superior

Vueltas 23 (27, 29): si está disminuyendo, llega al final de la vuelta y le sobra un punto, téjalo. t2pdj hasta el final de la vuelta. 11 (12, 13) pts.

Vuelta 24 (28, 30): pd.

Vuelta 25 (29, 31): t2pdj hasta el final de la vuelta (si llega al final de la vuelta y le sobra un punto, téjalo). 6 (6, 7) pts.

Acabe la pieza como cuando cerró la parte superior de la manopla derecha.

Pulgar

Pase los 7 (9, 9) puntos del pulgar que había dejado en espera a 3 agujas de doble punta de 3,25 mm. Vuelva a unir el hilo y coja un punto adicional en la esquina donde la parte de la palma se une con el escudete. 8 (10, 10) pts. Coloque un marcador al principio de la vuelta.

Vueltas 1-6 (6, 8): pd.

Vuelta 7 (7, 9): t2pdj hasta el final de la vuelta. 4 (5, 5) pts.

Acabe como cuando cerró la parte superior de la manopla.

Ojos (confeccione 4):

Con una aguja de ganchillo de 3 mm y B, c3. Una con pra para formar un aro.

Vuelta 1: haga 7pb en el aro; acabe con pra para formar el aro.

Remate y deje un extremo de hilo lo bastante largo como para coser.

Pupilas (confeccione 4):

Con D, borde dos pupilas en punto satén. Con B, borde dos pequeños brillos en punto satén.

ACABAR LA PIEZA

1 Cosa los ojos a las manoplas.
2 Con B, borde los dientes en punto atrás.
3 Entreteja los extremos sueltos.

Dé la vuelta a la manopla para ver los afilados dientes del tiburón.

zorro peludo

El gorro, las manoplas y la bufanda tienen caritas de zorro, y la bufanda incluso tiene una cola. Para abrochar el gorro se teje una tira que lleva un botón de ganchillo.

GORRO, MANOPLAS Y BUFANDA
NIVEL: avanzado
TALLAS
6-12 meses (12-24 meses, 2-3 años)
Medidas de la prenda acabada
De «mejilla a mejilla» alrededor del gorro:
36 (37, 38) cm
Circunferencia de las manoplas:
13,75 (15, 16,25) cm
Longitud de las manoplas:
14 (16,5, 18) cm
Longitud de la bufanda:
85 cm
Anchura de la bufanda:
11,5 cm
MATERIALES
GORRO
Hilo principal:
Color A: 1 ovillo de 85 g (123 m) de hilo Lion Brand Jiffy, 100 % acrílico, paprika
Cantidades pequeñas:
Color B: hilo Lion Brand Jiffy, 100 % acrílico, blanco
Color C: hilo Lion Brand Jiffy, 100 % acrílico, negro
Color E: hilo Lion Brand Jiffy, 100 % acrílico, marrón óxido (Rust)
Agujas:
• 1 par de agujas de 3,25 mm
• Marcador de puntos
• Aguja de ganchillo de 2,75 mm
• Aguja de coser
• Un poco de relleno para muñeco

MANOPLAS
Hilo principal:
Color A: 1 ovillo de 85 g (123 m) de hilo Lion Brand Jiffy, 100 % acrílico, paprika
Cantidades pequeñas:
Color B: hilo Lion Brand Jiffy, 100 % acrílico, blanco
Color C: hilo Lion Brand Jiffy, 100 % acrílico, negro
Agujas:
• 4 agujas de 2 mm de doble punta
• 4 agujas de 3,25 mm de doble punta
• Aguja de coser
BUFANDA
Hilo principal:
Color A: 1 ovillo de 85 g (123 m) de hilo Lion Brand Jiffy, 100 % acrílico, paprika
Cantidades pequeñas:
Color B: hilo Lion Brand Jiffy, 100 % acrílico, blanco
Color C: hilo Lion Brand Jiffy, 100 % acrílico, negro
Agujas:
• 4 agujas de doble punta de 3,25 mm
• Marcador de puntos
• Aguja de coser
TENSIÓN
16 pts y 25 vueltas = cuadrado de 10 cm en punto de media con agujas de 3,25 mm
19 pts y 28 vueltas = cuadrado de 10 cm en punto inglés pd1 pr1 con agujas de 3,25 mm

GORRO

Con un par de agujas de 3,25 mm y el hilo A, monte 57 (61, 65) pts. Coloque un marcador al principio de la vuelta.
Vueltas 1-6 (6, 6): punto inglés de pd1, pr1.
Vuelta 7: pd.
Vuelta 8: pd6 (6, 6), pd45 (49, 53), pd6 (6, 6).
Rep. vueltas 7 y 8 hasta vuelta 30 (30, 32).
Vuelta 31 (31, 33): pd18 (19, 21), t2pdj, pd17 (19, 19), t2pdj, dé la vuelta. 55 (59, 63) pts.
Vuelta 32 (32, 34): pp, pr17 (19, 19), t2prj, dé la vuelta. 54 (58, 62) pts.
Vuelta 33 (33, 35): pp, pd17 (19, 19), t2pdj, dé la vuelta. 53 (57, 61) pts.
Rep vueltas 32 (32, 24) y 33 (33, 35) hasta vuelta 54 (58, 64). 32 (32, 32) pts.
Vuelta 55 (59, 65): pp, *pr1 pd1* rep desde * hasta * 8 (9, 9) veces, pr1, t2pdj, dé la vuelta. 31 (31, 31) pts.
Vuelta 56 (60, 66): pp, *pd1 pr1* rep desde * hasta * 8 (9, 9) veces, pd1, t2prj, dé la vuelta. 30 (30, 30) pts.
Rep vueltas 55 (59, 65) y 56 (60, 66) hasta vuelta 66 (68, 74). 20 (22, 22) pts.
Corte el hilo dejando un extremo lo bastante largo como para entretejer. Deje 20 (22, 22) pts en la aguja.

Tira para abrochar el gorro

Una el hilo en la posición del marcador, introduzca la aguja de ganchillo de delante hacia atrás en esa posición y c15.
1mpa en 5.ª c desde aguja, 1mpa en siguiente c, c2, sáltese 2 c, 1mpa en cada una de las siguientes 6c, con el lado del derecho mirando hacia usted introduzca la aguja en el borde de la vuelta de punto inglés 3 y haga 1pa, haga otros 14 (14, 15) pa a lo largo del borde inferior del gorro (aproximadamente en cada vuelta alterna) hasta los pts

La tira es suave y no resulta incómoda al abrocharla debajo de la barbilla.

El gorro del zorro peludo va con una
bufanda para abrigar más.

Fíjese en esta fotografía para colocar
las orejas, la nariz y los ojos.

que hay en la aguja; sacando los pts de la aguja uno
por uno, haga 1pa en cada uno de los 20 (22, 22) pts,
haga otros 15 (15, 16) pa a lo largo del borde inferior
del gorro (aproximadamente en cada vuelta alterna)
hasta el borde frontal.
Remate. Entreteja los hilos sueltos.

Orejas (confeccione 2)

Use unas agujas de doble punta de 3,25 mm y A, monte
20 pts y divídalos de manera uniforme entre 3 agujas.
Una la labor para trabajar en redondo con cuidado
de no retorcerla. Coloque un marcador al principio de
la vuelta.
Vueltas 1-2: pd.
Vuelta 3: t2pdj, pd6, *t2pdj* dos veces, pd6, t2pdj. 16 pts.
Vuelta 4: pd.
Vuelta 5: t2pdj, pd4, *t2pdj* dos veces, pd4, t2pdj. 12 pts.
Vuelta 6: pd.
Vuelta 7: t2pdj, pd2, *t2pdj* dos veces, pd2, t2pdj. 8 pts.
Cambie a C.
Vuelta 8: pd.
Vuelta 9: t2pdj 4 veces. 4 pts.
Vuelta 10: pd.
Deje un extremo lo bastante largo como para entretejer.
Haga pasar el hilo por todos los puntos y sáquelos de
las agujas. Tire del hilo con firmeza y asegúrelo. Entreteja
los extremos sueltos.

Parte interior de la oreja (confeccione 2)

Con un par de agujas de 3,25 mm y B, monte 6 pts
dejando un trozo de hilo de 20 cm para coser la parte
interior de la oreja en su sitio.
Vuelta 1: pd.
Vuelta 2: pr.
Vuelta 3: t2pdj, pd2, t2pdj. 4 pts.

Vuelta 4: pr.
Vuelta 5: t2pdj dos veces. 2 pts.
Corte el hilo dejando un extremo de 20 cm y páselo
por 2 pts. Sáquelos de las agujas. Tire firmemente
del hilo y asegúrelo.

Ojos (confeccione 2)

Con la aguja de ganchillo y C: c4. Una con pra para
formar un aro.
Vuelta 1: 7pa en el aro.
Acabe con pra en el siguiente pt para unir.
Remate y deje un extremo de hilo lo bastante largo
como para coser.

Nariz

Esta pieza se hace a ganchillo en espiral. No una
la labor al final de la vuelta; continúe trabajando.
Con la aguja de ganchillo y B: c4. Una con pra
para formar un aro.
Vuelta 1: 7pb en aro.
Vuelta 2: 2pb en cada pb. 14 pb.
Vueltas 3-4: 14pb.
Cambie a A.
Vueltas 5-6: 14pb.
Acabe con pra en el siguiente pt para unir.
Remate y deje un trozo de hilo lo bastante largo
como para coser.

Punta de la nariz

Con la aguja de ganchillo y C: c4. Una con pra para
formar un aro.
Vuelta 1: 6pb en aro.
Vuelta 2: 6pb en cada pb.
Acabe con pra en el siguiente pt para unir.
Remate y deje un extremo de hilo lo bastante largo
como para coser.

Botón

Con la aguja de ganchillo y E: c3. Una con pra para
formar un aro.
Vuelta 1: 5 pb en aro.
Acabe con pra en siguiente pt para unir dejando
un extremo de hilo de 20 cm para coser el botón
en su sitio. Usando una aguja de coser o de ganchillo,
pase el trozo de hilo por los 5 puntos. Tire del hilo
con firmeza y asegúrelo. Haga un nudo fuerte.

ACABAR LA PIEZA

1 Cosa a las orejas sus partes internas.
2 Cosa las orejas al gorro.
3 Cosa los ojos al gorro.
4 Con B, borde dos pequeñas pupilas (brillos)
en los ojos en punto satén.
5 Con C, borde las pestañas en punto satén.
6 Cosa la punta de la nariz a la nariz.
7 Remeta los extremos sueltos de hilo en la nariz
y añada un trozo de relleno, si lo desea.
8 Cosa la nariz al gorro.
9 Cosa el botón al gorro.
10 Entreteja los extremos sueltos.

MANOPLA IZQUIERDA

Puño

Use agujas de doble punta de 2 mm y A, monte 22 (24, 26) pts y divídalos de manera uniforme entre 3 agujas. Una la labor para tejer en redondo con cuidado de no retorcerla. Coloque un marcador al principio de la vuelta.

Vueltas 1-10 (1-12, 1-14): punto inglés pd1, pr1.

Escudete del pulgar

Cambie a agujas de doble punta de 3,25 mm para tejer el resto de la manopla.

Vuelta 1: aum1d, haga pd hasta el final de la vuelta. 23 (25, 27) pts.

Vuelta 2: pd.

Vuelta 3: aum1d, pd1, aum1iz, pd hasta el final de la vuelta. 25 (27, 29) pts.

Vuelta 4: pd.

Vuelta 5: aum1d, pd3, aum1iz, pd hasta el final de la vuelta. 27 (29, 31) pts.

Vuelta 6: pd.

Vuelta 7: aum1d, pd5, aum1iz, pd hasta el final de la vuelta. 29 (31, 33) pts.

Vuelta 8: pd.

Vuelta (9, 9) (solo las dos tallas más grandes): aum1d, pd7, aum1iz, pd hasta el final de la vuelta. (33, 35) pts.

Vueltas 9 (10, 10): pd1, haga 7 (9, 9) puntos del pulgar con hilo sobrante y vuelva a unir la labor para tejer los puntos de la mano en redondo, pd21 (23, 25). 22 (24, 26) pts.

Vueltas 10-11 (11-12, 11-14): pd.

Dé forma a las orejas

Vuelta 12 (13, 15): pd3 (3, 4), ph, pd1, ph, pd4 (4, 4), ph, pd1, ph, pd13 (15, 16). 26 (28, 30) pts.

Vuelta 13 (14, 16): pd4 (4, 5), ph, pd1, ph, pd6 (6, 6), ph, pd1, ph, pd14 (16, 17). 30 (32, 34) pts.

Vuelta 14 (15, 17): pd5 (5, 6), ph, pd1, ph, pd8 (8, 8), ph, pd1, ph, pd15 (17, 18). 34 (36, 38) pts.

Vuelta 15 (16, 18): pd6 (6, 7), ph, pd1, ph, pd10 (10, 10), ph, pd1, ph, pd16 (18, 19). 38 (40, 42) pts.

Vuelta 16 (17, 19): pd7 (7, 8), ph, pd1, ph, pd12 (12, 12), ph, pd1, ph, pd17 (19, 20). 42 (44, 46) pts.

Vuelta 17 (18, 20): pd8 (8, 9), ph, pd1, ph, pd14 (14, 14), ph, pd1, ph, pd18 (20, 21). 46 (48, 50) pts.

Vuelta (19, 21): pd (9, 10), ph, pd1, ph, pd (16, 16), ph, pd1, ph, pd (21, 22). (52, 54) pts.

Cierre las orejas (consulte los dibujos de la página 139)

Vuelta 18 (20, 22): pd3 (3, 4), pp siguientes 6 (7, 7) pts, junte las agujas de modo que estén en paralelo y se junten los lados del revés de la labor, y las puntas de las agujas estén mirando a la derecha (la aguja de la derecha está detrás), pase el siguiente punto de la aguja de tejer izquierda a una aguja de ganchillo; será el punto 10.º (11.º, 12.º) punto de la vuelta.

Introduzca la aguja de ganchillo en el punto 9.º (10.º, 11.º) y páselo por el punto que hay en la aguja de ganchillo. Continúe del modo siguiente:

introduzca la aguja de ganchillo en el siguiente pt de la aguja de tejer izquierda y páselo por el que está en la aguja de ganchillo, haga pasar el siguiente punto de la aguja de la derecha por el que está en la aguja de ganchillo.

rep desde ** hasta ** hasta pasar por el siguiente punto de la aguja izquierda todos los puntos de la aguja derecha, pase el siguiente pt de la aguja izquierda por el punto que ya está en la aguja de ganchillo, pase este punto a la

aguja de tejer izquierda, vuelva a colocar las agujas en la posición normal, pd4 (4, 4), pp siguientes 6 (7, 7) pts. Repita el mismo proceso que para la primera oreja hasta haber pasado por el siguiente punto de la aguja izquierda todos los puntos de la aguja derecha, pase el siguiente pt de la aguja izquierda por el pt que ya está en la aguja de ganchillo, pase de nuevo este punto a la aguja izquierda, pd13 (15, 16). 22 (24, 26) pts.

Vueltas 19-20 (21-23, 23-25): pd.

Cambie a B.

Vueltas 21-22 (24-26, 26-28): pd.

Cierre la parte superior

Vuelta 23 (27, 29): t2pdj hasta el final de la vuelta. 11 (12, 13) pts.

Vuelta 24 (28, 30): pd.

Vuelta 25 (29, 31): t2pdj hasta el final de la vuelta (si le queda solo un punto al final de la vuelta, téjalo). 6 (6, 7) pts.

Deje un extremo lo bastante largo como para entretejer. Haga pasar el hilo por todos los puntos y sáquelos de las agujas. Tire del hilo con firmeza y asegúrelo. Entreteja los extremos sueltos.

Pulgar

Pase los 7 (9, 9) puntos que había dejado en espera a agujas de doble punta de 3,25 mm. Vuelva a unir la labor y coja un punto adicional en la esquina donde se encuentran la parte de la palma y el escudete. 8 (10, 10 pts).

Aquí puede ver dónde tiene que bordar los ojos y la nariz.

Vueltas 1-6 (1-6, 1-8): pd.

Vueltas 7 (7, 9): t2pdj hasta el final de la vuelta. 4 (5, 5) pts. Remate como en el caso de la parte de la palma. Cierre la parte superior.

MANOPLA DERECHA

Puño

Use agujas de doble punta de 2 mm y A, monte 22 (24, 26) pts y divídalos de manera uniforme entre 3 agujas. Una la labor para tejer en redondo con cuidado de no retorcerla. Coloque un marcador al principio de la vuelta.

Vueltas 1-10 (1-12, 1-14): punto inglés pd1, pr1.

Escudete del pulgar

Cambie a agujas de doble punta de 3,25 mm para tejer el resto de la manopla.

Vuelta 1: aum1d, haga pd hasta el final de la vuelta. 23 (25, 27) pts.

Vuelta 2: pd.

Vuelta 3: aum1d, pd1, aum1iz, pd hasta el final de la vuelta. 25 (27, 29) pts.

Vuelta 4: pd.

Vuelta 5: aum1d, pd3, aum1iz, pd hasta el final de la vuelta. 27 (29, 31) pts.

Vuelta 6: pd.

Cuando haya aprendido a hacer las manoplas con soltura, ¿por qué no teje algunos pares para regalarlas?

Vuelta 7: aum1d, pd5, aum1iz, pd hasta el final de la vuelta. 29 (31, 33) pts.

Vuelta 8: pd.

Vuelta (9, 9) (solo las dos tallas más grandes): aum1d, pd7, aum1iz, pd hasta el final de la vuelta. (33, 35) pts.

Vuelta 9 (10, 10): pd1, haga 7 (9, 9) puntos del pulgar con hilo sobrante y vuelva a unir la labor para tejer los puntos de la mano en redondo, pd21 (23, 25). 22 (24, 26) pts.

Vueltas 10-11 (11-12, 11-14): pd.

Dé forma a las orejas

Vuelta 12 (13, 15): pd13 (15, 16), ph, pd1, ph, pd4 (4, 4), ph, pd1, ph, pd3 (3, 4). 26 (28, 30) pts.

Vuelta 13 (14, 16): pd14 (16, 17), ph, pd1, ph, pd6 (6, 6), ph, pd1, ph, pd4 (4, 5). 30 (32, 34) pts.

Vuelta 14 (15, 17): pd15 (17, 18), ph, pd1, ph, pd8 (8, 8), ph, pd1, ph, pd5 (5, 6). 34 (36, 38) pts.

Vuelta 15 (16, 18): pd16 (18, 19), ph, pd1, ph, pd10 (10, 10), ph, pd1, ph, pd6 (6, 7). 38 (40, 42) pts.

Vuelta 16 (17, 19): pd17 (19, 20), ph, pd1, ph, pd12 (12, 12), ph, pd1, ph, pd7 (7, 8). 42 (44, 46) pts.

Vuelta 17 (18, 20): pd18 (20, 21), ph, pd1, ph, pd14 (14, 14), ph, pd1, ph, pd8 (8, 9). 46 (48, 50) pts.

Vuelta (19, 21): pd (21, 22), ph, pd1, ph, pd (16, 16), ph, pd1, ph, pd (9, 10). (52, 54) pts.

Cierre las orejas

Vuelta 18 (20, 22): pd13 (15, 16), pp siguientes 6 (7, 7) pts, junte las agujas de modo que estén en paralelo y se junten los lados del revés de la labor, y las puntas de las agujas estén mirando a la derecha (la aguja de la derecha está detrás), pase el siguiente punto de la aguja de tejer izquierda a una aguja de ganchillo; será el punto 20.º (23.º, 24.º) de la vuelta.

Introduzca la aguja de ganchillo en el punto 19.º (22.º, 23.º) y páselo por el punto que hay en la aguja de ganchillo. Continúe del modo siguiente:

introduzca la aguja de ganchillo en el siguiente pt. de la aguja de tejer izquierda y páselo por el que está en la aguja de ganchillo, haga pasar el siguiente punto de la aguja derecha por el que está en la aguja de ganchillo. rep desde ** hasta ** hasta haber pasado por el siguiente punto de la aguja izquierda todos los puntos de la aguja derecha, haga pasar el siguiente pt de la aguja izquierda por el punto que ya está en la aguja de ganchillo, pase este punto a la aguja de tejer izquierda, vuelva a colocar las agujas en la posición normal, pd4 (4, 4), pp siguientes 6 (7, 7) pts.

Repita el mismo proceso que para la primera oreja hasta haber pasado por el siguiente punto de la aguja izquierda todos los puntos de la aguja derecha, pase el siguiente pt de la aguja izquierda por el pt que ya está en la aguja de ganchillo, pase de nuevo este punto a la aguja izquierda, pd3 (3, 4). 22 (24, 26) pts.

Vueltas 19-20 (21-23, 23-25): pd.

Cambie a B.

Vueltas 21-22 (24-26, 26-28): pd.

Cierre la parte superior

Vuelta 23 (27, 29): t2pdj hasta el final de la vuelta. 11 (12, 13) pts.

Vuelta 24 (28, 30): pd.

Vuelta 25 (29, 31): t2pdj hasta el final de la vuelta (si le queda solo un punto al final de la vuelta, téjalo). 6 (6, 7) pts.

Acabe igual que cuando cerró la parte superior de la manopla izquierda.

Pulgar

Pase los 7 (9, 9) puntos que había dejado en espera a agujas de doble punta de 3,25 mm. Vuelva a unir la labor y coja un punto adicional en la esquina donde se encuentran la parte de la palma y el escudete. 8 (10, 10) pts.

Vueltas 1-6 (1-6, 1-8): pd.

Vuelta 7 (7-9): t2pdj hasta el final de la vuelta, 4 (5, 5) pts. Remate como en el caso de la manopla izquierda. Cierre la parte superior.

ACABAR LA PIEZA

1   Con C, borde los ojos y la nariz en punto satén.

2   Entreteja los extremos sueltos.

BUFANDA

Use un par de agujas de 3,25 mm y D, monte 3 pts y divídalos de manera uniforme entre 3 agujas. Una la labor para trabjar en redondo con cuidado de no retorcerla. Coloque un marcador al principio de la vuelta. La bufanda empieza a hacerse por la parte de la cola del zorro.

Vueltas 1-2: pd3.

Vuelta 3: *pd1, aum1* 3 veces. 6 pts.

Vuelta 4: pd.

Vuelta 5: *pd1, aum1, pd1* 3 veces. 9 pts.

Vuelta 6: pd.

Vuelta 7: *pd1, aum1, pd2* 3 veces. 12 pts.

Vuelta 8: pd.

Vuelta 9: *pd1, aum1, pd3* 3 veces. 15 pts.

Vuelta 10: pd.

Vuelta 11: *pd1, aum1, pd4* 3 veces. 18 pts.
Vuelta 12: pd.
Vuelta 13: *pd1, aum1, pd5* 3 veces. 21 pts.
Vuelta 14: pd.
Vuelta 15: *pd1, aum1, pd6* 3 veces. 24 pts.
Vuelta 16: pd.
Vuelta 17: *pd1, aum1, pd7* 3 veces. 27 pts.
Vuelta 18: pd.
Vuelta 19: *pd1, aum1, pd8* 3 veces. 30 pts.
Vuelta 20: pd.
Cambie a A.
Vuelta 21: *pd1, aum1, pd9* 3 veces. 33 pts.
Vuelta 22: pd.
Vuelta 23: *pd1, aum1, pd10* 3 veces. 36 pts.
Vuelta 24: pd.
Vuelta 25: *pd1, aum1, pd11* 3 veces. 39 pts.
Vuelta 26: pd.
Vuelta 27-44: pd.
Vuelta 45: *pd1, pr1* 18 veces, pd1, t2prj. 38 pts.
Vueltas 46-50: punto inglés de pd1, pr1.
Vuelta 51: pd2, ponga en espera siguientes 5 pts empleando una hebra de hilo sobrante, monte 5 pts, pd5, ponga en espera siguientes 5 pts, monte 5 pts, pd21. 38 pts.
Vueltas 52-132: pd.
Vuelta 133: rep vuelta 51.
Vueltas 134-143: pd.
Vuelta 144: *t2pdj, pr1, pd1, pr1* 7 veces, t2pdj, pr1. 30 pts.
Vueltas 145-149: punto inglés de pd1, pr1.
Vueltas 150-160: pd.
Vuelta 161: pd19, ph, pd1, ph, pd5, ph, pd1, ph, pd4. 34 pts.
Vuelta 162: pd20, ph, pd1, ph, pd7, ph, pd1, ph, pd5. 38 pts.
Vuelta 163: pd21, ph, pd1, ph, pd9, ph, pd1, ph, pd6. 42 pts.
Vuelta 164: pd22, ph, pd1, ph, pd11, ph, pd1, ph, pd7. 46 pts.
Vuelta 165: pd23, ph, pd1, ph, pd13, ph, pd1, ph, pd8. 50 pts.
Vuelta 166: pd24, ph, pd1, ph, pd15, ph, pd1, ph, pd9. 54 pts.
Vuelta 167: pd25, ph, pd1, ph, pd17, ph, pd1, ph, pd10. 58 pts.
Cierre las orejas (consulte los dibujos de la página 139)
Vuelta 168: pd19, pp siguientes 7 pts, junte las agujas de modo que estén en paralelo y se junten los lados del revés de la labor, y las puntas de las agujas estén mirando a la derecha (la aguja de la derecha está detrás), pase el siguiente punto de la aguja de tejer izquierda a una aguja de ganchillo; será el punto 27.º de la vuelta.
Introduzca la aguja de ganchillo en el punto 26.º y páselo por el punto que hay en la aguja de ganchillo.
Continúe del modo siguiente:
introduzca la aguja de ganchillo en el siguiente pt. de la aguja de tejer izquierda y páselo por el que está en la aguja de ganchillo, haga pasar el siguiente punto de la aguja derecha por el que está en la aguja de ganchillo. rep desde ** hasta ** hasta haber hecho pasar por el siguiente punto de la aguja izquierda todos los puntos de la aguja derecha, haga pasar el siguiente pt de la aguja izquierda por el punto que ya está en la aguja de ganchillo, pase este punto a la aguja de tejer izquierda, vuelva a colocar las agujas en la posición normal, pd5, pp siguientes 7 pts.
Repita el mismo proceso que para la primera oreja hasta haber pasado por el siguiente punto de la aguja izquierda

Esta fabulosa bufanda es verdaderamente original, con sus patas, su cara de zorro y la opulenta cola.

todos los puntos de la aguja derecha, pase el siguiente pt de la aguja izquierda por el pt que ya está en la aguja de ganchillo, pase de nuevo este punto a la aguja izquierda, pd4. 30 pts.
Vueltas 169-175: pd.
Vuelta 176: pd.
Vuelta 177: t2pdj hasta el final de la vuelta. 15 pts.
Vuelta 178: pd.
Vuelta 179: pd1, t2pdj hasta el final de la vuelta. 8 pts.
Vuelta 180: pd.
Vuelta 181: t2pdj hasta el final de la vuelta. 4 pts.
Vuelta 182: pd.
Corte dejando un extremo de hilo lo bastante largo como para entretejer. Haga pasar el hilo por los 4 puntos y sáquelos de las agujas. Tire con firmeza del hilo y asegúrelo.

Patas (confeccione 4)

Monte 5 pts con hilo sobrante en unas agujas de 3,25 mm de doble punta, coja 5 pts de los 5 que ha montado. 10 pts.
Vueltas 1-30: pd.
Cambie a C.

Vueltas 31-39: pd.
Vuelta 40: t2pdj hasta el final de la vuelta. 5pts.
Vuelta 41: pd.
Vuelta 42: pd1, t2pdj hasta el final de la vuelta. 3 pts.
Remate como en la parte principal de la bufanda.

ACABAR LA PIEZA

1 Borde los ojos y la nariz en punto satén.
2 Entreteja los extremos sueltos.

ranita graciosa

Los ojos, hechos a ganchillo en espiral, y la amplia sonrisa rosa confieren a la rana un aspecto estrafalario y original. Los detalles se repiten en las manoplas para completar este encantador conjunto.

GORRO Y MANOPLAS
NIVEL: avanzado
TALLAS
6-12 meses (12-24 meses, 2-3 años)
Medidas de la prenda acabada
De «mejilla a mejilla» alrededor del gorro:
36 (37, 38) cm
Circunferencia de las manoplas:
13,75 (15, 16,25) cm
Longitud de las manoplas:
14 (16,5, 18) cm
MATERIALES
GORRO
Hilo:
Color A: 1 ovillo de 85 g (123 m) de hilo Lion Brand Jiffy, 100 % acrílico, verde manzana
Cantidades pequeñas:
Color B: hilo Lion Brand Jiffy, 100 % acrílico, blanco
Color C: hilo Lion Brand Jiffy, 100 % acrílico, rosa Blossom
Color D: hilo Lion Brand Jiffy, 100 % acrílico, negro
Agujas:
• 1 par de agujas de 3,25 mm
• agujas circulares de 3,25 mm

• Marcador de puntos
• Aguja de ganchillo de 2,75 mm
• Aguja de coser
• Un poco de relleno para muñecos
MANOPLAS
Hilo principal:
Color A: 1 ovillo de 85 g (123 m) de hilo Lion Brand Jiffy, 100 % acrílico, verde manzana
Cantidades pequeñas:
Color B: hilo Lion Brand Jiffy, 100 % acrílico, blanco
Color C: hilo Lion Brand Jiffy, 100 % acrílico, rosa Blossom
Color D: hilo Lion Brand Jiffy, 100 % acrílico, negro
Agujas:
• 4 agujas de 2 mm de doble punta
• 4 agujas de 3,25 mm de doble punta
• Aguja de ganchillo de 2,75 mm
• Aguja de coser
TENSIÓN
16 pts y 25 vueltas = cuadrado de 10 cm en punto de media con agujas de 3,25 mm
19 pts y 28 vueltas = cuadrado de 10 cm en punto inglés pd1 pr1 con agujas de 3,25 mm

GORRO

Con un par de agujas de 3,25 mm y el hilo A, monte 57 (61, 65) pts.
Vueltas 1-6 (6, 6): punto inglés de pd1, pr1.
Vueltas 7-30 (30, 32): haga punto de media comenzando con una vuelta de pd.
Vuelta 31 (31, 33): pd18 (19, 21), t2pdj, pd17 (19, 19), t2pdj, dé la vuelta. 55 (59, 63) pts.
Vuelta 32 (32, 34): pp, pr17 (19, 19), t2prj, dé la vuelta, 54 (58, 62) pts.
Vuelta 33 (33, 35): pp, pd17 (19, 19), t2pdj, dé la vuelta, 53 (57, 61) pts.
Rep las vueltas 32 (32, 34) y 33 (33, 35) hasta la vuelta 54 (56, 62). 32 (34, 34) pts.
Vuelta 55 (57, 63): pp, *pr1, pd1* rep. desde * hasta * 8 (9, 9) veces, pr1, t2pdj, dé la vuelta, 31 (33, 33) pts.
Vuelta 56 (58, 64): pp, *pd1, pr1* rep. desde * hasta * 8 (9, 9) veces, pd1, t2prj, dé la vuelta, 30 (32, 32) pts.
Rep. las vueltas 55 (57, 63) y 56 (58, 64) hasta la vuelta 66 (68, 74), 20 (22, 22) pts.

Cuello

Cambie a agujas circulares de 3,25 mm. Coloque un marcador al principio de la vuelta.
Vuelta 67 (69, 75): pp, *pr1, pd1* rep. desde * hasta * 8 (9, 9) veces, pr1, t2pdj, coja 13 (12, 12) pts por un lado del gorro, monte 7 (7, 7) pts, una la labor para tejer en redondo, con cuidado de no retorcerla, coja 13 (12, 12) pts por el otro lado del gorro. 52 (52, 52) pts.
Vueltas 68-77 (70-81, 76-89): punto inglés de pd1, p1.
Vuelta 78 (82, 90): pd2 (3, 3), ph, pd2, ph, pd11 (11, 11), ph, pd2, ph, pd11 (11, 11), ph, pd2, ph, pd11 (11, 11), ph, pd2, ph, pd9 (8, 8). 60 (60, 60) pts.
Vuelta 79 (83, 91): pd3 (4, 4), ph, pd2, ph, pd13 (13, 13), ph, pd2, ph, pd13 (13, 13), ph, pd2, ph, pd13 (13, 13), ph, pd2, ph, pd10 (9, 9). 68 (68, 68) pts.
Vuelta 80 (84, 92): pd4 (5, 5), ph, pd2, ph, pd15 (15, 15), ph, pd2, ph, pd15 (15, 15), ph, pd2, ph, pd15 (15, 15), ph, pd2, ph, pd11 (10, 10). 76 (76, 76) pts.
Vuelta 81 (85, 93): pd5 (6, 6), ph, pd2, ph, pd17 (17, 17), ph, pd2, ph, pd17 (17, 17), ph, pd2, ph, pd17 (17, 17), ph, pd2, ph, pd12 (11, 11). 84 (84, 84) pts.
Vuelta 82 (86, 94): pd6 (7, 7), ph, pd2, ph, pd19 (19, 19), ph, pd2, ph, pd19 (19, 19), ph, pd2, ph, pd19 (19, 19), ph, pd2, ph, pd13 (12, 12). 92 (92, 92) pts.
Vuelta 83 (87, 95): pd7 (8, 8), ph, pd2, ph, pd21 (21, 21), ph, pd2, ph, pd21 (21, 21), ph, pd2, ph, pd21 (21, 21), ph, pd2, ph, pd14 (13, 13). 100 (100, 100) pts.
Vuelta (88, 96) (solo las dos tallas más grandes): pd (9, 9), ph, pd2, ph, pd (23, 23), ph, pd2, ph, pd (23, 23), ph, pd2, ph, pd (23, 23), ph, pd2, ph, pd (14, 14). 108 (108, 108) pts.

La ranita graciosa lleva una amplia sonrisa bordada.

Vuelta (89, 97) (solo las dos tallas más grandes):
pd (10, 10), ph, pd2, ph, pd (25, 25), ph, pd2, ph, pd
(25, 25), ph, pd2, ph, pd (25, 25), ph, pd2, ph, pd (15, 15).
(116, 116) pts.
Vuelta (98) (solo la talla más grande): pd (11), ph,
pd2, ph, pd (27), ph, pd2, ph, pd (27), ph, pd2, ph,
pd (27), ph, pd2, ph, pd (16). (124) pts.
Vuelta (99) (solo la talla más grande): pd (12), ph,
pd2, ph, pd (29), ph, pd2, ph, pd (29), ph, pd2, ph,
pd (29), ph, pd2, ph, pd (17). (132) pts.
Vueltas 84-89 (90-95, 100-105) (todas las tallas):
punto inglés de pd1, pr1.
Remate y entreteja los hilos.

Ojos

Cuenca de los ojos
(confeccione 2)

Con un par de agujas de 3,25 mm de doble punta
e hilo A, monte 25 pts dejando un extremo de
20 cm para coser la cuenca de los ojos en su sitio.
Vueltas 1-5: punto inglés pdr, pr1.
Corte el hilo dejando un trozo lo bastante largo
como para entretejerlo. Páselo por todos los
puntos y sáquelos de las agujas. Tire con firmeza
del extremo de hilo y asegúrelo. Entreteja los
extremos sueltos.

Globos oculares (confeccione 2)

Se trabajan a ganchillo en espiral. No una al final de la
vuelta; continúe trabajando.
Con una aguja de ganchillo de 2,75 mm y B, c4.
Una con pra para formar un aro.
Vuelta 1: 7pb en aro.
Vuelta 2: 2pb en cada pb. 14 pb.
Vuelta 3: 14pb.
Vuelta 4: 14pb.
Acabe con pra en el siguiente pt para unir.
Remate dejando un extremo lo bastante largo
como para coser.

Pupilas (confeccione 2)

Con una aguja de ganchillo de 2,75 mm y B, c4.
Una con pra para formar un aro.
Vuelta 1: 7pb en aro.
Acabe con pra en el siguiente pt para unir.
Remate dejando un extremo lo bastante largo
como para coser.

ACABAR LA PIEZA

1 Cosa las pupilas a los globos oculares.
2 Con B, borde dos pequeños reflejos en las pupilas
de punto satén.
3 Remeta los extremos de hilo sueltos por dentro
del ojo e introduzca un poco de relleno, si lo desea.

La ranita graciosa resulta muy atractiva
cuando se ve desde detrás, gracias al
diseño de la parte posterior de los ojos.

4 Cosa los globos oculares en las cuencas de los ojos.

5 Cosa los ojos al gorro.

6 Con C, borde una boca sonriente de punto atrás.

7 Entreteja los hilos sueltos.

MANOPLAS

(CONFECCIONE 2)

Puño

Use unas agujas de 2 mm de doble punta, monte 22 (24, 26) pts y divídalos de manera uniforme entre 3 agujas. Una la labor para tejer en redondo con cuidado de no retorcerla. Coloque un marcador al principio de la vuelta.

Vueltas 1-10 (1-12, 1-14): punto inglés de pd1, pr1.

Escudete del pulgar

Cambie a unas agujas de 3,25 mm de doble punta para tejer el resto de la manopla.

Vuelta 1: aum1d, pd hasta el final de la vuelta. 23 (25, 27) pts.

Vuelta 2: pd.

Vuelta 3: aum1d, pd1, aum1iz, pd hasta el final de la vuelta. 25 (27, 29) pts.

Vuelta 4: pd.

Vuelta 5: aum1d, pd3, aum1iz, pd hasta el final de la vuelta. 27 (29, 31) pts.

Vuelta 6: pd.

Vuelta 7: aum1d, pd5, aum1iz, pd hasta el final de la vuelta. 29 (31, 33) pts.

Vuelta 8: pd.

Vuelta (9, 9) (solo las dos tallas más grandes): aum1d, pd7, aum1iz, pd hasta el final de la vuelta. (33, 35) pts.

Vuelta 9 (10, 10): pd1, ponga en espera 7 (9, 9) puntos del pulgar empleando una hebra de hilo sobrante y vuelva a unir la labor para tejer los puntos de la mano en redondo, pd21 (23, 25), 22 (24, 26) pts.

Vueltas 10-22 (11-26, 11-28): pd.

Cierre la parte superior

Vuelta 23 (27, 29): t2pdj hasta el final de la vuelta. 11 (12, 13) pts.

Vuelta 24 (28, 30): pd.

Vuelta 25 (29, 31): t2pdj hasta el final de la vuelta. (Si al llegar al final de la vuelta le queda un punto, téjalo.) 6 (6, 7) pts.

Deje un extremo de hilo lo bastante largo como para entretejerlo. Pase el hilo por todos los puntos y sáquelos de la aguja. Tire del hilo con firmeza y asegúrelo. Entreteja los hilos sueltos.

Pulgar

Pase los 7 (9, 9) puntos que había dejado en espera a agujas de 3,25 mm de doble punta. Vuelva a unir la labor y coja un punto adicional en la esquina donde se encuentran la manopla y el escudete. Coloque un marcador al comienzo de la vuelta. 8 (10, 10) pts.

Vueltas 1-6 (1-6, 1-8): pd.

Vuelta 7 (7-9): t2pdj hasta el final de la vuelta. 4 (5, 5) pts.

Acabe la pieza como cuando cerró la parte superior de la manopla.

Coloque los ojos en las manoplas de manera simétrica.

Globos oculares y pupilas (confeccione 4 de cada)

Trabaje como en el caso de los globos oculares y las pupilas del gorro.

ACABAR LA PIEZA

1 Cosa los ojos a las manoplas.

2 Con B, borde la boca sonriente usando punto atrás.

3 Entreteja los extremos de hilo sueltos.

amigos
festivos

dulce muñeco de nieve

El muñeco de nieve tiene unos pompones rojos para abrigar aún más las orejas, y las rayas de la parte posterior hacen juego con las manoplas. Para esta labor, además de la confección de los pompones, hay que hacer ganchillo.

GORRO Y MANOPLAS
NIVEL: principiante
TALLAS
6-12 meses (12-24 meses, 2-3 años)
Medidas de la prenda acabada
De «mejilla a mejilla» alrededor del gorro:
36 (37, 38) cm
Circunferencia de las manoplas:
13,75 (15, 16,25) cm
Longitud de las manoplas:
14 (16,5, 18) cm
MATERIALES
GORRO
Hilo:
Color A: 1 ovillo de 85 g (123 m) de hilo Lion Brand
Jiffy, 100 % acrílico, blanco
Cantidades pequeñas:
Color B: hilo Lion Brand Jiffy, 100 % acrílico, rojo
(True Red)
Color C: hilo Lion Brand Jiffy, 100 % acrílico, negro
Color D: hilo Lion Brand Jiffy, 100 % acrílico, óxido
(Rust)
Agujas:
• 1 par de agujas de 3,25 mm
• Agujas circulares de 3,25 mm
• Marcador de puntos

• Aguja de ganchillo de 2,75 mm
• 4 agujas de 3,25 mm de doble punta
• Dos círculos de cartulina de 8 cm de diámetro
o un utensilio para hacer pompones
• Aguja de coser
• Un poco de relleno para muñecos
MANOPLAS
Hilo principal:
Color A: 1 ovillo de 85 g (123 m) de hilo Lion Brand
Jiffy, 100 % acrílico, blanco
Cantidades pequeñas:
Color B: hilo Lion Brand Jiffy, 100 % acrílico, rojo
(True Red)
Color C: hilo Lion Brand Jiffy, 100 % acrílico, negro
Color D: hilo Lion Brand Jiffy, 100 % acrílico, óxido
(Rust)
Agujas:
• 4 agujas de 2 mm de doble punta
• 4 agujas de 3,25 mm de doble punta
• Aguja de ganchillo de 2,75 mm
• Aguja de coser
TENSIÓN
16 pts y 25 vueltas = cuadrado de 10 cm en punto
de media con agujas de 3,25 mm
19 pts y 28 vueltas = cuadrado de 10 cm en punto
inglés pd1 pr1 con agujas de 3,25 mm

GORRO

Con un par de agujas de 3,25 mm y el hilo A, monte 57
(61, 65) pts.
Vueltas 1-6 (6, 6): punto inglés de pd1, pr1.
Vueltas 7-30 (30, 32): haga punto de media comenzando
con una vuelta de pd.
Vuelta 31 (31, 33): pd18 (19, 21), t2pdj, pd17 (19, 19), t2pdj,
dé la vuelta. 55 (59, 63) pts.
Vuelta 32 (32, 34): pp, pr17 (19, 19), t2prj, dé la vuelta,
54 (58, 62) pts.
Vuelta 33 (33, 35): pp, pd17 (19, 19), t2pdj, dé la vuelta,
53 (57, 61) pts.
Rep las vueltas 32 (32, 34) y 33 (33, 35) hasta la vuelta
54 (56, 62). 32 (34, 34) pts.
Vuelta 55 (57, 63): pp, *pr1, pd1* rep. desde *
hasta * 8 (9, 9) veces, pr1, t2pdj, dé la vuelta, 31
(33, 33) pts.
Vuelta 56 (58, 64): pp, *pd1, pr1* rep. desde * hasta *
8 (9, 9) veces, pd1, t2prj, dé la vuelta, 30 (32, 32) pts.
Rep. las vueltas 55 (57, 63) y 56 (58, 64) hasta la vuelta
66 (68, 74), 20 (22, 22) pts.

Cuello

Cambie a agujas circulares de 3,25 mm. Coloque un
marcador al principio de la vuelta.
Vuelta 67 (69, 75): pp, *pr1, pd1* rep. desde * hasta *
8 (9, 9) veces, pr1, t2pdj, coja 13 (12, 12) pts por un lado
del gorro, monte 7 (7, 7) pts, una la labor para tejer
en redondo, con cuidado de no retorcerla, coja 13
(12, 12) pts por el otro lado del gorro. 52 (52, 52) pts.

No hay duda de que este conjunto será
una prenda favorita en los fríos días
de invierno.

Cosa la nariz en el centro del gorro,
con los ojos a la misma distancia.
Los pompones deben quedar sobre
las orejas del niño.

Vueltas 68-77 (70-81, 76-89): punto inglés de pd1, pr1
con el siguiente patrón:
2 (2, 2) vueltas (B).
3 (3, 3) vueltas (A).
3 (3, 3) vueltas (B).
2 (3, 3) vueltas (A).
0 (1, 3) vueltas (B).
Cambie a A
Vuelta 78 (82, 90): pd2 (3, 3), ph, pd2, ph, pd11 (11, 11), ph,
pd2, ph, pd11 (11, 11), ph, pd2, ph, pd11 (11, 11), ph, pd2, ph, pd9
(8, 8). 60 (60, 60) pts.
Vuelta 79 (83, 91): pd3 (4, 4), ph, pd2, ph, pd13 (13, 13), ph,
pd2, ph, pd13 (13, 13), ph, pd2, ph, pd13 (13, 13), ph, pd2, ph,
pd10 (9, 9). 68 (68, 68) pts.
Vuelta 80 (84, 92): pd4 (5, 5), ph, pd2, ph, pd15 (15, 15),
ph, pd2, ph, pd15 (15, 15), ph, pd2, ph, pd15 (15, 15), ph, pd2,
ph, pd11 (10, 10). 76 (76, 76) pts.
Vuelta 81 (85, 93): pd5 (6, 6), ph, pd2, ph, pd17 (17, 17), ph,
pd2, ph, pd17 (17, 17), ph, pd2, ph, pd17 (17, 17), ph, pd2, ph,
pd12 (11, 11). 84 (84, 84) pts.
Vuelta 82 (86, 94): pd6 (7, 7), ph, pd2, ph, pd19 (19, 19),
ph, pd2, ph, pd19 (19, 19), ph, pd2, ph, pd19 (19, 19), ph, pd2,
ph, pd13 (12, 12). 92 (92, 92) pts.
Vuelta 83 (87, 95): pd7 (8, 8), ph, pd2, ph, pd21 (21, 21),
ph, pd2, ph, pd21 (21, 21), ph, pd2, ph, pd21 (21, 21), ph, pd2,
ph, pd14 (13, 13). 100 (100, 100) pts.
Vuelta (88, 96) (solo las dos tallas más grandes): pd (9,
9), ph, pd2, ph, pd (23, 23), ph, pd2, ph, pd (23, 23), ph, pd2,
ph, pd (23, 23), ph, pd2, ph, pd (14, 14). 108 (108, 108) pts.
Vuelta (89, 97) (solo las dos tallas más grandes): pd (10,
10), ph, pd2, ph, pd (25, 25), ph, pd2, ph, pd (25, 25), ph,
pd2, ph, pd (25, 25), ph, pd2, ph, pd (15, 15). (116, 116) pts.

Vuelta (98) (solo la talla más grande): pd (11), ph, pd2,
ph, pd (27), ph, pd2, ph, pd (27), ph, pd2, ph, pd (27), ph,
pd2, ph, pd (16). (124) pts.
Vuelta (99) (solo la talla más grande): pd (12), ph, pd2,
ph, pd (29), ph, pd2, ph, pd (29), ph, pd2, ph, pd (29), ph,
pd2, ph, pd (17). (132) pts.
Vuelta 84-89 (90-95, 100-105) (todas las tallas):
punto inglés de pd1, pr1.
Remate y entreteja los hilos.

Ojos (confeccione 2)

Con la aguja de ganchillo y C: c4. Una con pra para
formar un aro.
Vuelta 1: pb en aro.
Acabe con pra en siguiente pt para unir.
Remate y deje un extremo de hilo lo bastante largo
como para coser.

Pompones (confeccione 2 en B)

Consulte en la página 140 la forma de hacer pompones
o utilice un utensilio especial para este propósito.

Banda para los pompones

Con la aguja de ganchillo y B: c44.
1mpa en 3ª. c desde aguja, 1mpa en cada c hasta el final.
Remate dejando un trozo suficientemente largo para coser.

Nariz

Con unas agujas de 3,25 mm de doble punta y D, monte
12 pts. Una la labor para trabajar en redondo con cuidado
de no retorcerla. Coloque un marcador al principio de la
vuelta.

El diseño de rayas de la parte posterior
hace juego con las manoplas.

Vueltas 1-2: pd.
Vuelta 3: *pd2, t2pdj* 3 veces. 9 pts.
Vuelta 4: pd.
Vuelta 5: *pd1, t2pdj* 3 veces. 6 pts.
Vuelta 6: pd.
Vuelta 7: t2pdj 3 veces. 3 pts.
Vuelta 8: pd.
Corte el hilo dejando un extremo lo bastante largo
como para entretejerlo. Páselo por todos los puntos
y sáquelos de las agujas. Tire con firmeza del trozo
de hilo y asegúrelo. Entreteja los extremos sueltos.

ACABAR LA PIEZA

1 Cosa los ojos al gorro.
2 Remeta los extremos de hilo sueltos por dentro
de la nariz e introduzca un poco de relleno, si lo desea.
3 Cosa la nariz al gorro.
4 Cosa la banda al gorro.
5 Cosa los pompones al gorro.
6 Entreteja los hilos sueltos.

MANOPLAS

(CONFECCIONE 2)

Puño

Use unas agujas de 2 mm de doble punta, monte
22 (24, 26) pts y divídalos de manera uniforme entre
3 agujas. Una la labor para tejer en redondo con cuidado
de no retorcerla. Coloque un marcador al principio de
la vuelta.
Vueltas 1-10 (1-12, 1-14): punto inglés de pd1, pr1 con el
siguiente patrón:
2 (2, 2) vueltas (B).
3 (3, 3) vueltas (A).
3 (3, 3) vueltas (B).
2 (3, 3) vueltas (A).
0 (1, 3) vueltas (B).

Escudete del pulgar

Cambie a unas agujas de 3,25 mm de doble punta
para tejer el resto de la manopla.
Vuelta 1: aum1d, pd hasta el final de la vuelta. 23 (25, 27)
pts.
Vuelta 2: pd.
Vuelta 3: aum1d, pd1, aum1iz, pd hasta el final de la vuelta.
25 (27, 29) pts.
Vuelta 4: pd.
Vuelta 5: aum1d, pd3, aum1iz, pd hasta el final de la vuelta.
27 (29, 31) pts.
Vuelta 6: pd.
Vuelta 7: aum1d, pd5, aum1iz, pd hasta el final de la vuelta.
29 (31, 33) pts.
Vuelta 8: pd.
Vuelta (9, 9) (solo las dos tallas más grandes): aum1d,
pd7, aum1iz, pd hasta el final de la vuelta. (33, 35) pts.
Vuelta 9 (10, 10): pd1, haga 7 (9, 9) puntos del pulgar con
hilo sobrante y vuelva a unir la labor para tejer los puntos
de la mano en redondo, pd21 (23, 25), 22 (24, 26) pts.

Vueltas 10-22 (11-26, 11-28): pd.
Cierre la parte superior
Vuelta 23 (27, 29): pd6 hasta el final de la vuelta.
(Si al llegar al final de la vuelta solo le queda un punto,
téjalo.) 11 (12, 13) pts.
Vuelta 24 (28, 30): pd.
Vuelta 25 (29, 31): t2pdj hasta el final de la vuelta.
(Si al llegar al final de la vuelta le queda un punto,
téjalo.) 6 (6, 7) pts.
Deje un extremo de hilo lo bastante largo como para
entretejerlo. Pase el hilo por todos los puntos y sáquelos
de la aguja. Tire del hilo con firmeza y asegúrelo. Entreteja
los hilos sueltos.

Pulgar

Pase los 7 (9, 9) puntos que había dejado en espera
a agujas de 3,25 mm de doble punta. Vuelva a unir
la labor y coja un punto adicional en la esquina donde
se encuentran la manopla y el escudete. Coloque un
marcador al comienzo de la vuelta. 8 (10, 10) pts.
Vueltas 1-6 (1-6, 1-8): pd.
Vuelta 7 (7-9): t2pdj hasta el final de la vuelta. 4 (5, 5) pts.
Acabe la pieza como cuando cerró la parte superior de la
manopla.

Unas sencillas rayas en punto de media
convierten a las manoplas en una prenda
especial.

reno cariñoso

Con sus cuernecillos y la nariz roja, el gorro de reno y sus manoplas a juego serán, sin duda, una prenda favorita en invierno. Las orejas son de ganchillo.

GORRO Y MANOPLAS
NIVEL: intermedio
TALLAS
6-12 meses (12-24 meses, 2-3 años)
Medidas de la prenda acabada
De «mejilla a mejilla» alrededor del gorro:
36 (37, 38) cm
Circunferencia de las manoplas:
13,75 (15, 16,25) cm
Longitud de las manoplas:
14 (16,5, 18) cm
MATERIALES
GORRO
Hilo:
Color A: 1 ovillo de 85 g (123 m) de hilo Lion Brand Jiffy, 100 % acrílico, marrón (Taupe Mist)
Cantidades pequeñas:
Color B: hilo Lion Brand Jiffy, 100 % acrílico, rojo (True Red)
Color C: hilo Lion Brand Jiffy, 100 % acrílico, camel
Color D: hilo Lion Brand Jiffy, 100 % acrílico, morado
Agujas:
• 1 par de agujas de 3,25 mm
• Agujas circulares de 3,25 mm

• 4 agujas de 2 mm de doble punta
• Marcador de puntos
• Aguja de ganchillo de 2,75 mm
• Aguja de coser
MANOPLAS
Hilo principal:
Color A: 1 ovillo de 85 g (123 m) de hilo Lion Brand Jiffy, 100 % acrílico, marrón (Taupe Mist)
Cantidades pequeñas:
Color B: hilo Lion Brand Jiffy, 100 % acrílico, rojo (True Red)
Color C: hilo Lion Brand Jiffy, 100 % acrílico, camel
Color D: hilo Lion Brand Jiffy, 100 % acrílico, morado
Agujas:
• 4 agujas de 2 mm de doble punta
• 4 agujas de 3,25 mm de doble punta
• Aguja de ganchillo de 2,75 mm
• Aguja de coser
TENSIÓN
16 pts y 25 vueltas = cuadrado de 10 cm en punto de media con agujas de 3,25 mm
19 pts y 28 vueltas = cuadrado de 10 cm en punto inglés pd1 pr1 con agujas de 3,25 mm

GORRO

Con un par de agujas de 3,25 mm y el hilo A, monte 57 (61, 65) pts.

Vueltas 1-6 (6, 6): punto inglés de pd1, pr1.

Vueltas 7-30 (30, 32): haga punto de media comenzando con una vuelta de pd.

Vuelta 31 (31, 33): pd18 (19, 21), t2pdj, pd17 (19, 19), t2pdj, dé la vuelta. 55 (59, 63) pts.

Vuelta 32 (32, 34): pp, pr17 (19, 19), t2prj, dé la vuelta, 54 (58, 62) pts.

Vuelta 33 (33, 35): pp, pd17 (19, 19), t2pdj, dé la vuelta, 53 (57, 61) pts.

Rep las vueltas 32 (32, 34) y 33 (33, 35) hasta la vuelta 54 (56, 62). 32 (34, 34) pts.

Vuelta 55 (57, 63): pp, *pr1, t2pdj* rep. desde * hasta * 8 (9, 9) veces, pr1, t2pdj, dé la vuelta, 31 (33, 33) pts.

Vuelta 56 (58, 64): pp, *pd1, pr1* rep. desde * hasta * 8 (9, 9) veces, pd1, t2prj, dé la vuelta, 30 (32, 32) pts.

Rep. las vueltas 55 (57, 63) y 56 (58, 64) hasta la vuelta 66 (68, 74). 20 (22, 22) pts.

Cuello

Cambie a agujas circulares de 3,25 mm. Coloque un marcador al principio de la vuelta.

Vuelta 67 (69, 75): pp, *pr1, pd1* rep. desde * hasta * 8 (9, 9) veces, pr1, t2pdj, coja 13 (12, 12) pts por un lado del gorro, monte 7 (7, 7) pts, una la labor para tejer en redondo, con cuidado de no retorcerla, coja 13 (12, 12) pts por el otro lado del gorro. 52 (52, 52) pts.

Vueltas 68-77 (70-81, 76-89): punto inglés de pd1.

Vuelta 78 (82, 90): pd2 (3, 3), ph, pd2, ph, pd11 (11, 11), ph, pd2, ph, pd11 (11, 11), ph, pd2, ph, pd11 (11, 11), ph, pd2, ph, pd9 (8, 8). 60 (60, 60) pts.

Vuelta 79 (83, 91): pd3 (4, 4), ph, pd2, ph, pd13 (13, 13), ph, pd2, ph, pd13 (13, 13), ph, pd2, ph, pd13 (13, 13), ph, pd2, ph, pd10 (9, 9). 68 (68, 68) pts.

Vuelta 80 (84, 92): pd4 (5, 5), ph, pd2, ph, pd15 (15, 15), ph, pd2, ph, pd15 (15, 15), ph, pd2, ph, pd15 (15, 15), ph, pd2, ph, pd11 (10, 10). 76 (76, 76) pts.

Vuelta 81 (85, 93): pd5 (6, 6), ph, pd2, ph, pd17 (17, 17), ph, pd2, ph, pd17 (17, 17), ph, pd2, ph, pd17 (17, 17), ph, pd2, ph, pd12 (11, 11). 84 (84, 84) pts.

Vuelta 82 (86, 94): pd6 (7, 7), ph, pd2, ph, pd19 (19, 19), ph, pd2, ph, pd19 (19, 19), ph, pd2, ph, pd19 (19, 19), ph, pd2, ph, pd13 (12, 12). 92 (92, 92) pts.

Vuelta 83 (87, 95): pd7 (8, 8), ph, pd2, ph, pd21 (21, 21), ph, pd2, ph, pd21 (21, 21), ph, pd2, ph, pd21 (21, 21), ph, pd2, ph, pd14 (13, 13). 100 (100, 100) pts.

Vuelta (88, 96) (solo las dos tallas más grandes): pd (9, 9), ph, pd2, ph, pd (23, 23), ph, pd2, ph, pd (23, 23), ph, pd2, ph, pd (23, 23), ph, pd2, ph, pd (14, 14). 108 (108, 108) pts.

Vuelta (89, 97) (solo las dos tallas más grandes): pd (10, 10), ph, pd2, ph, pd (25, 25), ph, pd2, ph, pd (25, 25), ph, pd2, ph, pd (25, 25), ph, pd2, ph, pd (15, 15). (116, 116) pts.

Coloque los elementos como se muestra aquí, comenzando por la nariz, que se pondrá en el centro.

El diseño del reno es igual de eficaz visto de perfil.

Remate y deje un extremo de hilo lo bastante largo como para coser.

Cuernos (confeccione 2)

Use unas agujas de 2 mm de doble punta y C, monte 8 pts y divídalos de manera uniforme entre 3 agujas. Una la labor para trabajar en redondo con cuidado de no retorcerla. Coloque un marcador al principio de la vuelta.

Vueltas 1-6: pd.

Dé forma al cuerno pequeño

Vuelta 7: pd1, pr1, pd7. 9pts.

Vuelta 8: pd.

Vuelta 9: pd1, aum1, pd1, aum1, pd7. 11 pts.

Vuelta 10: pd.

Vuelta 11: pd1, aum1, pd3, aum1, pd7. 13 pts.

Vuelta 12: pd.

Vuelta 13: pd1, ponga en espera los siguientes 5 pts empleando una hebra de hilo sobrante, y vuelva a unir la labor para tejer los puntos del cuerno en redondo, pd7. 8 pts.

Vueltas 14-18: pd.

Vuelta 19: t2pdj hasta el final de la vuelta. 4 pts.

Corte el hilo dejando un trozo lo bastante largo como para entretejerlo. Pase el hilo por todos los puntos y sáquelos de las agujas. Tire con firmeza del extremo de hilo y asegúrelo. Entreteja los extremos sueltos.

Cuerno pequeño

Pase los 5 puntos que tenía en espera a unas agujas de 2 mm de doble punta. Vuelva a unir la labor y coja un punto extra en la esquina donde el cuerno pequeño se encuentra con el grande. Coloque un marcador al principio de la vuelta. 6 pts.

Vueltas 1-5: pd.

Corte el hilo dejando un extremo lo bastante largo como para entretejerlo. Pase el hilo por todos los puntos y sáquelos de las agujas. Tire con firmeza del trozo de hilo y asegúrelo. Entreteja los extremos sueltos.

Nariz

Este patrón se hace a ganchillo en espiral. No una la labor al final de la vuelta; continúe trabajando. Con la aguja de ganchillo y B: c3. Una con pra para formar un aro.

Vuelta 1: 5pb en aro.

Vuelta 2: 2pb en cada pb.

Vuelta 3: 10pb.

Acabe con pra en siguiente pt para unir. Remate y deje un extremo de hilo lo bastante largo como para coser.

ACABAR LA PIEZA

1　Cosa la nariz al gorro.

2　Doble la parte inferior de las orejas y cósalas al gorro.

3　Cosa los cuernos al gorro.

4　Con D, borde 2 ojos pequeños en punto satén.

5　Entreteja los hilos sueltos.

Vuelta (98) (solo la talla más grande): pd (11), ph, pd2, ph, pd (27), ph, pd2, ph, pd (27), ph, pd2, ph, pd (27), ph, pd2, ph, pd (16). (124) pts.

Vuelta (99) (solo la talla más grande): pd (12), ph, pd2, ph, pd (29), ph, pd2, ph, pd (29), ph, pd2, ph, pd (29), ph, pd2, ph, pd (17). (132) pts.

Vuelta 84-89 (90-95, 100-105) (todas las tallas): punto inglés de pd1, pr1.
Remate y entreteja los hilos.

Orejas (confeccione 2)

Con la aguja de ganchillo y A: c9.

Vuelta 1: 1pa en 3.ª c desde aguja, 1pa en cada una de las siguientes 5c, 8pa en la última c, (dé la vuelta a la labor para trabajar en la parte inferior de la cadeneta), 1pa en cada una de las siguientes 7c, dé la vuelta. 21pa.

Vuelta 2: c1, 1pb en cada uno de los siguientes 7 pts, 2pb en cada uno de los siguientes 3 pts, (1pb y 1mpa) en el siguiente pt, (1mpa y 1 pb) en el siguiente pt, 2pb en cada uno de los siguientes 3 pts, 1pb en cada uno de los siguientes 6 pts.

La nariz, de ganchillo, se cose justo sobre el borde del gorro.

Las pequeñas manoplas tienen todos los elementos del gorro del reno cariñoso.

MANOPLAS

(CONFECCIONE 2)

Puño

Con unas agujas de doble punta de 2 mm y A, monte 22 (24, 26) pts. y distribúyalos de manera uniforme entre 3 agujas. Una la labor en redondo con cuidado de no retorcerla. Coloque un marcador al principio de la vuelta.
Vueltas 1-10 (1-12, 1-14): punto inglés pd1, pr1.

Escudete del pulgar

Cambie a agujas de doble punta de 3,25 mm para hacer el resto de la manopla.
Vuelta 1: aum1d, pd hasta el final de la vuelta. 23 (25, 27) pts.
Vuelta 2: pd.
Vuelta 3: aum1d, pd1, aum1iz hasta el final de la vuelta. 25 (27, 29) pts.
Vuelta 4: pd.
Vuelta 5: aum1d, pd3, aum1iz hasta el final de la vuelta. 27 (29, 31) pts.
Vuelta 6: pd.
Vuelta 6: aum1d, pd5, aum1iz hasta el final de la vuelta. 29 (31, 33) pts.
Vuelta 8: pd.
Vuelta (9, 9) (solo las dos tallas más grandes): aum1d, pd7, aum1iz hasta el final de la vuelta. (33, 35) pts.
Vuelta 9 (10, 10): pd1, deje en espera 7 (9, 9) puntos del pulgar empleando una hebra sobrante y vuelva a unir

la labor para tejer los puntos de la mano en redondo, pd21 (23, 25). 22 (24, 26) pts.
Vuelta 10-22 (11-26, 11-28): pd.
Cierre la parte superior
Vuelta 23 (27, 29): t2pdj hasta el final de la vuelta. 11 (12, 13) pts.
Vuelta 24 (28, 30): pd.
Vuelta 25 (29, 31): t2pdj hasta el final de la vuelta (si, al final de la vuelta, solo le queda un punto, téjalo). 6 (6, 7) pts.
Corte una cola de hilo lo bastante larga como para entretejer. Saque todos los puntos de las agujas. Tire del hilo con firmeza para asegurarlo y entreteja los extremos sueltos.

Pulgar

Pase los 7 (9, 9) puntos que había dejado en espera en el hilo sobrante a unas agujas de doble punta de 3,25 mm. Vuelva a unir la labor y coja un punto adicional en la esquina donde la mano se encuentra con el escudete. 8 (10, 10) pts.
Vueltas 1-6 (1-6, 1-8): pd.
Vuelta 7 (7, 9): t2pdj hasta el final de la vuelta. 4 (5, 5) pts.
Acabe la pieza como en el caso de la mano. Cierre la parte superior.

Orejas (confeccione 2)

Con la aguja de ganchillo y A: c6.
Vuelta 1: 1mpa en 3ª. c desde aguja, 1mpa en cada una de las siguientes 2c, (3mpa, 1pa, 3mpa) en la última c, (dé la vuelta a la labor para trabajar por la parte inferior de la cadeneta), 1mpa en cada una de las siguientes 3c.
Remate y deje una cola de hilo lo bastante larga como para coser.

Cuernos (confeccione 2)

Con la aguja de ganchillo y C: c5.
Pra. en 2ª. c desde aguja,
pra. en 3ª. c,
pra. en 4ª. c,
pra. en 5ª. c.
Remate y deje una cola de hilo lo bastante larga como para coser.

ACABAR LA PIEZA

1 Cosa las orejas a las manoplas.
2 Cosa los cuernos a las manoplas.
3 Con D, borde 2 ojos pequeños de punto satén.
4 Con B, borde la nariz en punto satén.
5 Entreteja los hilos sueltos.

osito Noel

A cualquier niño le encantará este precioso y alegre gorro de Papá Noel rojo y blanco con las manoplas a juego. En el patrón se usan únicamente técnicas sencillas de punto.

GORRO Y MANOPLAS
NIVEL: principiante
TALLAS
6-12 meses (12-24 meses, 2-3 años)
Medidas de la prenda acabada
De «mejilla a mejilla» alrededor del gorro:
36 (37, 38) cm
Circunferencia de las manoplas:
13,75 (15, 16,25) cm
Longitud de las manoplas:
14 (16,5, 18) cm
MATERIALES
GORRO
Hilo principal:
Color A: 1 ovillo de 85 g (123 m) de hilo Lion Brand Jiffy, 100 % acrílico, rojo (True Red)
Cantidades pequeñas:
Color B: hilo Lion Brand Jiffy, 100 % acrílico, blanco
Agujas:
• 1 par de agujas de 3,25 mm
• Agujas circulares de 3,25 mm
• 4 agujas de 3,25 mm de doble punta
• Marcador de puntos
• Aguja de coser
MANOPLAS
Hilo principal:
Color A: 1 ovillo de 85 g (123 m) de hilo Lion Brand Jiffy, 100 % acrílico, rojo (True Red)
Cantidades pequeñas:
Color B: hilo Lion Brand Jiffy, 100 % acrílico, blanco
Agujas:
• 4 agujas de 2 mm de doble punta
• 4 agujas de 3,25 mm de doble punta
• Aguja de coser
TENSIÓN
16 pts y 25 vueltas = cuadrado de 10 cm en punto de media con agujas de 3,25 mm
19 pts y 28 vueltas = cuadrado de 10 cm en punto inglés pd1 pr1 con agujas de 3,25 mm

GORRO

Con un par de agujas de 3,25 mm y el hilo A, monte 57 (61, 65) pts.

Vueltas 1-6: punto inglés de pd1, pr1.

Pase al hilo B.

Vueltas 7-30 (30, 32): haga punto de media comenzando con una vuelta de pd.

Vuelta 31 (31, 33): pd18 (19, 21), t2pdj, pd17 (19, 19), t2pdj, dé la vuelta. 55 (59, 63) pts.

Vuelta 32 (32, 34): pp, pr17 (19, 19), t2prj, dé la vuelta, 54 (58, 62) pts.

Vuelta 33 (33, 35): pp, pd17 (19, 19), t2pdj, dé la vuelta, 53 (57, 61) pts.

Rep las vueltas 32 (32, 34) y 33 (33, 35) hasta la vuelta 54 (56, 62). 32 (34, 34) pts.

Vuelta 55 (57, 63): pp, *pr1, pd1* rep. desde * hasta * 8 (9, 9) veces, pr1, t2pdj, dé la vuelta. 31 (33, 33) pts.

Vuelta 56 (58, 64): pp, *pd1, pr1* rep. desde * hasta * 8 (9, 9) veces, pd1, t2prj, dé la vuelta. 30 (32, 32) pts.

Rep las vueltas 55 (57, 63) y 56 (58, 64) hasta la vuelta 66 (68, 74). 20 (22, 22) pts.

El osito Noel es irresistible, y no hay duda de que resultará muy popular durante las fiestas.

Doble las orejas como se muestra
aquí y colóquelas en los lados
de la parte superior de la cabeza.

Doble la oreja en el ángulo que se
muestra aquí y sujétela con alfileres
para coserla en su sitio.

Cuello

Cambie a agujas circulares de 3,25 mm. Coloque un
marcador al principio de la vuelta.

Vuelta 67 (69, 75): pp, *pr1, pd1* rep. desde * hasta *
8 (9, 9) veces, pr1, t2pdj, coja 13 (12, 12) pts por un lado
del gorro, monte 7 pts, una la labor para tejer en redondo,
con cuidado de no retorcerla, coja 13 (12, 12) pts por el
otro lado del gorro. 52 (52, 52) pts.

Vueltas 68-77 (70-81, 76-89): punto inglés de pd1.

Vuelta 78 (82, 90): pd2 (3, 3), *ph, pd2, ph, pd11* rep de *
a* 3 veces, ph, pd2, ph, pd9 (8, 8). 60 (60, 60) pts.

Vuelta 79 (83, 91): pd3 (4, 4), *ph, pd2, ph, pd13* rep de *
a * 3 veces, ph, pd2, ph, pd10 (9,9). 68 (68, 68) pts.

Vuelta 80 (84, 92): pd4 (5, 5), ph, pd2, ph, pd15 (15, 15),
ph, pd2, ph, pd15 (15, 15), ph, pd2, ph, pd15 (15, 15), ph,
pd2, ph, pd11 (10, 10). 76 (76, 76) pts.

Vuelta 81 (85, 93): pd5 (6, 6), ph, pd2, ph, pd17 (17, 17),
ph, pd2, ph, pd17 (17, 17), ph, pd2, ph, pd17 (17, 17), ph,
pd2, ph, pd12 (11, 11). 84 (84, 84) pts.

Vuelta 82 (86, 94): pd6 (7, 7), ph, pd2, ph, pd19 (19, 19),
ph, pd2, ph, pd19 (19, 19), ph, pd2, ph, pd19 (19, 19), ph,
pd2, ph, pd13 (12, 12). 92 (92, 92) pts.

Vuelta 83 (87, 95): pd7 (8, 8), ph, pd2, ph, pd21 (21, 21),
ph, pd2, ph, pd21 (21, 21), ph, pd2, ph, pd21 (21, 21), ph,
pd2, ph, pd14 (13, 13). 100 (100, 100) pts.

Vuelta (88, 96) (solo las dos tallas más grandes):
pd (9, 9), ph, pd2, ph, pd (23, 23), ph, pd2, ph, pd (23, 23),
ph, pd2, ph, pd (23, 23), ph, pd2, ph, pd (14, 14). 108 (108,
108) pts.

Vuelta (89, 97) (solo las dos tallas más grandes):
pd (10, 10), ph, pd2, ph, pd (25, 25), ph, pd2, ph, pd
(25, 25), ph, pd2, ph, pd (25, 25), ph, pd2, ph, pd (15, 15).
(116, 116) pts.

Vuelta (98) (solo la talla más grande): pd (11), ph,
pd2, ph, pd (27), ph, pd2, ph, pd (27), ph, pd2, ph, pd (27),
ph, pd2, ph, pd (16). (124) pts.

Vuelta (99) (solo la talla más grande): pd (12), ph,
pd2, ph, pd (29), ph, pd2, ph, pd (29), ph, pd2, ph, pd (29),
ph, pd2, ph, pd (17). (132) pts.

Vuelta 84-89 (90-95, 100-105) (todas las tallas):
punto inglés de pd1, pr1.
Remate y entreteja los hilos.

Orejas (confeccione 2)

Con un par de agujas de 3,25 mm y A, monte 25 pts
dejando un extremo de hilo de 20 cm para coser
las orejas en su sitio.

Vuelta 1-5: punto inglés pd1, pr1.

Deje un trozo de hilo lo bastante largo como para
entretejer. Páselo por los 25 puntos y sáquelos de las
agujas. Tire del hilo con firmeza y asegúrelo. Haga
un nudo fuerte.

ACABAR LA PIEZA

1 Cosa las orejas al gorro en la posición que se muestra en la fotografía con costura invisible.

2 Entreteja los extremos de hilo sueltos.

MANOPLAS

(CONFECCIONE 2)

Puño

Use unas agujas de 2 mm de doble punta y B, monte 22 (24, 26) pts y divídalos de manera uniforme entre 3 agujas. Una la labor para tejer en redondo con cuidado de no retorcerla. Coloque un marcador al principio de la vuelta.

Vueltas 1-10 (1-12, 1-14): punto inglés de pd1, pr1.

Escudete del pulgar

Cambie a unas agujas de 3,25 mm de doble punta para tejer el resto de la manopla.

Vuelta 1: aum1d, pd hasta el final de la vuelta. 23 (25, 27) pts.

Vuelta 2: pd.

Vuelta 3: aum1d, pd1, aum1iz, pd hasta el final de la vuelta. 25 (27, 29) pts.

Vuelta 4: pd.

Vuelta 5: aum1d, pd3, aum1iz, pd hasta el final de la vuelta. 27 (29, 31) pts.

Vuelta 6: pd.

Vuelta 7: aum1d, pd5, aum1iz, pd hasta el final de la vuelta. 29 (31, 33) pts.

Vuelta 8: pd.

Vuelta 9 (solo las dos tallas más grandes): aum1d, pd7, aum1iz, pd hasta el final de la vuelta. (33, 35) pts.

Vuelta 9 (10, 10): pd1, ponga en espera 7 (9, 9) puntos del pulgar empleando una hebra de hilo sobrante y vuelva a unir la labor para tejer los puntos de la mano en redondo, pd21 (23, 25), 22 (24, 26) pts.

Vueltas 10-22 (11-26, 11-28): pd.

Cierre la parte superior

Vuelta 23 (27, 29): t2pdj hasta el final de la vuelta. 11 (12, 13) pts.

Vuelta 24 (28, 30): pd. 11 (12, 13) pts.

Vuelta 25 (29, 31): t2pdj hasta el final de la vuelta. (Si al llegar al final de la vuelta le queda un punto, téjalo.) 6 (6, 7) pts.

Deje un extremo de hilo lo bastante largo como para entretejerlo. Pase el hilo por todos los puntos y sáquelos de la aguja. Tire del hilo con firmeza y asegúrelo. Entreteja los hilos sueltos.

Pulgar

Pase los 7 (9, 9) puntos que tenía en espera a unas agujas de 3,25 mm de doble punta. Vuelva a unir la labor y coja un punto adicional en la esquina donde se encuentran la parte de la mano y el escudete. Coloque un marcador al comienzo de la vuelta. 8 (10, 10) pts.

Vueltas 1-6 (1-6, 1-8): pd.

Vuelta 7 (7-9): t2pdj hasta el final de la vuelta. 4 (5, 5) pts. Acabe la pieza como cuando cerró la parte superior de la manopla.

Las vistosas manoplas tienen un estilo clásico.

pingüino juguetón

El pigüino juguetón tiene un gorrito navideño para que le abrigue y dos polluelos de pingüino en forma de manoplas. El gorro se abrocha por debajo de la barbilla con un botón de ganchillo.

GORRO, MANOPLAS Y BUFANDA
NIVEL: intermedio
TALLAS
6-12 meses (12-24 meses, 2-3 años)
Medidas de la prenda acabada
De «mejilla a mejilla» alrededor del gorro:
36 (37, 38) cm
Circunferencia de las manoplas:
13,75 (15, 16,25) cm
Longitud de las manoplas:
14 (16,5, 18) cm
Longitud de la bufanda:
109 cm
Anchura de la bufanda:
10 cm
MATERIALES
GORRO
Hilo principal:
Color A: 1 ovillo de 85 g (123 m) de hilo Lion Brand Jiffy, 100 % acrílico, negro
Cantidades pequeñas:
Color B: hilo Lion Brand Jiffy, 100 % acrílico, blanco
Color C: hilo Lion Brand Jiffy, 100 % acrílico, rojo (True Red)
Color D: hilo Lion Brand Jiffy, 100 % acrílico, amarillo (Honey Bee)
Agujas:
• 1 par de agujas de 3,25 mm
• 4 agujas de 3,25 mm de doble punta

• Marcador de puntos
• Aguja de ganchillo de 2,75 mm
• Aguja de coser
• Un poco de relleno para muñeco
MANOPLAS
Hilo principal:
Color A: 1 ovillo de 85 g (123 m) de hilo Lion Brand Jiffy, 100 % acrílico, negro
Cantidades pequeñas:
Color B: hilo Lion Brand Jiffy, 100 % acrílico, blanco
Color D: hilo Lion Brand Jiffy, 100 % acrílico, amarillo (honey bee)
Agujas:
• 4 agujas de 2 mm de doble punta
• 4 agujas de 3,25 mm de doble punta
• Aguja de ganchillo de 2,75 mm
• Aguja de coser
BUFANDA
Hilo principal:
Color C: 1 ovillo de 85 g (123 m) de hilo Lion Brand Jiffy, 100 % acrílico, rojo (True Red)
Agujas:
• 1 par de agujas de 3,25 mm
• Aguja de coser
TENSIÓN
16 pts y 25 vueltas = cuadrado de 10 cm en punto de media con agujas de 3,25 mm
19 pts y 28 vueltas = cuadrado de 10 cm en punto inglés pd1 pr1 con agujas de 3,25 mm

GORRO

Con un par de agujas de 3,25 mm y el hilo A, monte 57 (61, 65 pts.). Coloque un marcador al principio de la vuelta.
Vueltas 1-6 (6, 6): punto inglés de pd1, pr1.
Vuelta 7: pd.
Vuelta 8: pd6 (6, 6), pd45 (49, 53), pd6 (6, 6).
Rep. vueltas 7 y 8 hasta vuelta 30 (30, 32).
Vuelta 31 (31, 33): pd18 (19, 21), t2pdj, pd17 (19, 19), t2pdj, dé la vuelta. 55 (59, 63) pts.
Vuelta 32 (32, 34): pp, pd17 (19, 19), t2pdj, dé la vuelta. 54 (58, 62) pts.
Vuelta 33 (33, 35): pp, pd17 (19, 19), t2pdj, dé la vuelta. 53 (57, 61) pts.
Rep vueltas 32 (32, 34) y 33 (33, 35) hasta vuelta 54 (58, 64). 32 (32, 32) pts.
Vuelta 55 (59, 65): pp, *pr1, pd1* rep desde * hasta * 8 (9, 9) veces, pr1, t2pdj, dé la vuelta. 31 (31, 31) pts.
Vuelta 56 (60, 66): pp, *pd1, pr1* rep desde * hasta * 8 (9, 9) veces, pd1, t2prj, dé la vuelta. 30 (30, 30) pts.
Rep vueltas 55 (59, 65) y 56 (60, 66) hasta vuelta 66 (68, 74). 20 (22, 22) pts.
Corte el hilo dejando un extremo lo bastante largo como para entretejerlo. Deje 20 (22, 22) pts. en la aguja.

Tira para abrochar el gorro

Una el hilo en la posición del marcador, introduzca la aguja de ganchillo de delante hacia atrás en esa posición y c15.
1mpa en 5.ª c desde aguja, 1mpa en siguiente c, c2, sáltese 2 c.
1mpa en cada una de las siguientes 6c; con el lado del derecho mirando hacia usted, introduzca la aguja en el borde de la vuelta de punto inglés 3 y haga 1mp; haga otros 14 (14, 15) pa a lo largo del borde inferior del gorro (aproximadamente en cada vuelta alterna) hasta los pts que hay en la aguja; sacando los pts de la aguja uno por uno, haga 1mp en cada uno de los 20 (22, 22) pts; haga otros 15 (15, 16) mp a lo largo del borde inferior del gorro (aproximadamente en cada vuelta alterna) hasta el borde frontal.
Remate. Entreteja los hilos sueltos.

Gorrito navideño

Use unas agujas de doble punta de 3,25 mm y B, monte 22 pts y divídalos de manera uniforme entre 3 agujas. Una la labor para trabajar en redondo con cuidado de no retorcerla. Coloque un marcador al principio de la vuelta.
Vueltas 1-3: punto inglés de pd1, pr1.
Cambie a C.
Vuelta 4: pd.
Vuelta 5: t2pdj, pd5, t2pdj, pd5, t2pdj, pd6. 19 pts.

La combinación del gorro y la bufanda abriga tanto como un pasamontañas.

Las manoplas llevan el adorno de las caritas de los polluelos, con sus diminutos picos hechos a ganchillo y los ojos bordados.

Coloque los elementos del gorro como se muestra en la fotografía. El gorrito navideño está ligeramente descentrado.

Vuelta 6: pd.
Vuelta 7: t2pdj, pd4, t2pdj, pd4, t2pdj, pd5. 16 pts.
Vuelta 8: pd.
Vuelta 9: t2pdj, pd3, t2pdj, pd3, t2pdj, pd4. 13 pts.
Vuelta 10: pd.
Vuelta 11: t2pdj, pd2, t2pdj, pd2, t2pdj, pd3. 10 pts.
Vuelta 12: pd.
Vuelta 13: t2pdj, pd1, t2pdj, pd1, t2pdj, pd2. 7 pts.
Vuelta 14: pd.
Corte el hilo dejando un extremo lo bastante largo como para entretejerlo. Páselo por los 7 puntos y sáquelos de las agujas. Tire del hilo con firmeza y asegúrelo.

Pompón

Con B, haga un pompón de 2,5 cm de anchura. Consulte las instrucciones de la página 140 o use un utensilio para hacer pompones.

Ojos (confeccione 2)

El diseño se hace a ganchillo en espiral. No una la labor al final de las vueltas; continúe trabajando. Con una aguja de ganchillo de 2,75 mm y B: c4. Una con pra para formar un aro.
Vuelta 1: 7pb en el aro.
Vuelta 2: 2pb en cada mpa. 14pb.
Vuelta 3: 14pb.
Vuelta 4: 14pb.
Acabe con pra en siguiente pt para unir.
Remate y deje un trozo de hilo lo bastante largo como para coser.

Pupilas (confeccione 2)

Con una aguja de ganchillo de 2,75 mm y A: c4.
Una con pra para formar un aro.
Vuelta 1: 7pb en el aro.
Acabe con pra en siguiente pt para unir.
Remate y deje un extremo de hilo lo bastante largo como para coser.

Pico

Con unas agujas de 3,25 mm de doble punta y D, monte 16 pts. Una la labor para trabajar en redondo con cuidado de no retorcerla. Coloque un marcador al principio de la vuelta.
Vueltas 1-2: pd.
Vuelta 3: t2pdj, pd4, *t2pdj* dos veces, pd4, t2pdj. 12 pts.
Vuelta 4: pd.
Vuelta 5: t2pdj, pd2, *t2pdj* dos veces, pd2, t2pdj. 8 pts.
Vuelta 6: pd.
Vuelta 7: t2pdj cuatro veces. 4 pts.
Corte el hilo y deje un extremo lo bastante largo como para entretejer. Pase el hilo por los 4 pts y sáquelos de las agujas. Tire del hilo con firmeza y asegúrelo.

Botón

Con una aguja de ganchillo de 2,75 mm y C: c3.
Una con pra para formar un aro.
Vuelta 1: 5 pb en aro.
Acabe con pra en siguiente pt para unir y deje un trozo de hilo de 20 cm para coser el botón en su sitio. Usando una aguja de coser o de ganchillo, haga pasar el extremo de hilo por los 5 puntos. Tire del hilo con firmeza y asegúrelo. Haga un nudo fuerte.

ACABAR LA PIEZA

1 Cosa el pompón al gorrito navideño.
2 Rellene ligeramente el gorrito navideño.
3 Cosa el gorrito navideño al gorro.
4 Cosa las pupilas a los ojos.
5 Remeta los extremos sueltos de hilo en los ojos y añada un trozo de relleno, si lo desea.
6 Con B, borde dos pequeñas pupilas (brillos) en punto satén.
7 Cosa los ojos al gorro.
8 Rellene ligeramente el pico.
9 Cosa el pico al gorro.
10 Cosa el botón al gorro.
11 Entreteja los extremos de hilo sueltos.

MANOPLAS

(CONFECCIONE 2)

Puño

Use agujas de doble punta de 2 mm y A, monte 22 (24, 26) pts y divídalos de manera uniforme entre 3 agujas. Una la labor para tejer en redondo con cuidado de no retorcerla. Coloque un marcador al principio de la vuelta.
Vueltas 1-10 (1-12, 1-14): punto inglés pd1, pr1.

Escudete del pulgar

Cambie a agujas de doble punta de 3,25 mm para tejer el resto de la manopla.
Vuelta 1: aum1d, haga pd hasta el final de la vuelta. 23 (25, 27) pts.
Vuelta 2: pd.
Vuelta 3: aum1d, pd1, aum1iz, pd hasta el final de la vuelta. 25 (27, 29) pts.
Vuelta 4: pd.
Vuelta 5: aum1d, pd3, aum1iz, pd hasta el final de la vuelta. 27 (29, 31) pts.
Vuelta 6: pd.
Vuelta 7: aum1d, pd5, aum1iz, pd hasta el final de la vuelta. 29 (31, 33) pts.
Vuelta 8: pd.
Vuelta (9, 9) (solo las dos tallas más grandes): aum1d, pd7, aum1iz, pd hasta el final de la vuelta. (33, 35) pts.
Vuelta 9 (10, 10): pd1, deje en espera 7 (9, 9) empleando una hebra de hilo sobrante y vuelva a unir la labor para tejer los puntos de la mano en redondo, pd21 (23, 25). 22 (24, 26) pts.

Vueltas 10-19 (11-23, 11-25): pd.
Cambie a B.
Vueltas 19-22 (23-26, 25-28): pd.
Cierre la parte superior
Vuelta 23 (27, 29): t2pdj hasta el final de la vuelta. 11 (12, 13) pts.
Vuelta 24 (28, 30): pd.
Vuelta 25 (29, 31): t2pdj hasta el final de la vuelta (si al llegar al final de la vuelta, le queda solo un punto, téjalo). 6 (6, 7) pts.
Corte el hilo y deje un extremo lo bastante largo como para entretejerlo. Páselo por todos los puntos y sáquelos de las agujas. Tire del hilo con firmeza y asegúrelo. Entreteja los extremos de hilo sueltos.

Pulgar

Pase los 7 (9, 9) puntos que había dejado en espera a unas agujas de doble punta de 3,25 mm. Vuelva a unir la labor y coja un punto adicional en la esquina donde se encuentran la parte de la palma y el escudete. 8 (10, 10) pts.
Vueltas 1-6 (1-6, 1-8): pd.
Vuelta 7 (7-9): t2pdj hasta el final de la vuelta. 4 (5, 5) pts.
Remate como en el caso de la parte de la palma. Cierre la parte superior.

Pico

Con la aguja de ganchillo y D, c4, 1pb en 2.ª c desde aguja, 1pb en 3.ª c desde aguja, 1mpa en 4.ª c desde aguja. Remate y deje un extremo de hilo lo bastante largo como para coser.

ACABAR LA PIEZA

1 Con A, borde las cabezas de los polluelos en punto satén.

2 Borde los ojos con A.
3 Cosa los picos a las manoplas.
4 Entreteja los extremos de hilo sueltos.

BUFANDA

Con unas agujas de 3,25 mm y C, monte 17 pts y divídalos de manera uniforme entre las 3 agujas. Una la labor para trabajar en redondo con cuidado de no retorcerla. Coloque un marcador al principio de la vuelta.
Vueltas 1-8: pt bobo.
Vuelta 9: pd1, t2pdj, pd11, t2pdj, pd1. 15 pts.
Vueltas 10-13: pt bobo.
Vuelta 14: pd1, t2pdj, pd9, t2pdj, pd1. 13 pts.
Vueltas 15-18: pt bobo.
Vuelta 19: pd1, t2pdj, pd7, t2pdj, pd1. 11 pts.
Vueltas 20-23: pt bobo.
Vuelta 24: pd1, t2pdj, pd5, t2pdj, pd1. 9 pts.
Vueltas 25-28: pt bobo.
Vuelta 29: pd1, aum1, pd7, aum1, pd1. 11 pts.
Vueltas 30-33: pt bobo.
Vuelta 34: pd1, aum1, pd9, aum1, pd1. 13 pts.
Vueltas 35-38: pt bobo.
Vuelta 39: pd1, aum1, pd11, aum1, pd1. 15 pts.
Vueltas 40-43: pt bobo.
Vuelta 44: pd1, aum1, pd13, aum1, pd1. 17 pts.
Vueltas 45-63: pt bobo.
Vueltas 64-99: Rep vueltas 9-44. 17 pts.
Vueltas 100-169: pt bobo.
Vueltas 170-279: Rep vueltas *9-63* dos veces. Remate. Entreteja los extremos de hilo sueltos.

La bufanda se ha confeccionado en punto bobo y tiene una inusual forma ondulada.

conocimientos básicos de punto

antes de empezar

UTENSILIOS

Antes de empezar a tejer, reúna todo lo que vaya a necesitar para la labor. En todos los proyectos de este libro, precisará lo siguiente:

- **Agujas de punto:** compruebe las que necesite para cada labor (rectas, de doble punta o circulares) y su calibre.
- **Unas tijeras pequeñas y afiladas** que se empleen solo para hilo.
- **Calibrador o cinta métrica** para medir los puntos y las vueltas de la muestra antes de empezar a tejer.
- **Marcador de puntos:** cuando se teje en redondo, hay que marcar el comienzo de la vuelta.
- **Lápiz o bolígrafo** para marcar en qué posición de la labor se encuentra.
- **Aguja de hilo** para coser la labor al final.

Para algunos proyectos precisará:
- **Aguja de ganchillo:** compruebe el calibre que le hará falta.
- **Aguja auxiliar:** se trata de una aguja corta que se emplea para poner los puntos en espera mientras se crea un ocho o una trenza.

TALLAS

Los patrones de este libro están pensados para tres tallas: 6-12 meses, 12-24 meses y 2-3 años. Los gorros cubren toda la cabeza y parte de la cara, de modo que las medidas que se proporcionan en los patrones son de mejilla a mejilla. Para asegurarse de que está confeccionando la talla correcta, mida la circunferencia de la cabeza del niño de mejilla a mejilla por el punto más ancho, justo encima de las orejas. Para verificar la talla de las manoplas, mida la circunferencia de la mano en el punto más ancho, así como la longitud de la mano. Si las medidas del niño se encuentran entre dos tallas, es preferible hacer la pieza de la talla más grande.

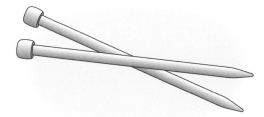

AGUJAS DE BAMBÚ

AGUJAS DE METAL

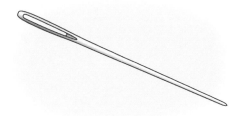

AGUJA LANERA

HILOS

SELECCIÓN

Todos los hilos de este libro se han elegido porque tienen
un tacto suave y agradable, además de que abrigan
mucho. Para obtener los mejores resultados, es mejor
comprar exactamente el hilo que se especifica en el
patrón. Asegúrese de adquirir la suficiente lana para la
labor y verifique siempre el tono y el número de tintada
del ovillo para que todos sean del mismo color.

SUSTITUCIÓN

Si tiene que sustituir un hilo, compre siempre otro
del mismo peso que el del patrón. Teja muestras hasta
que halle la tensión correcta del patrón. Tendrá que
calcular la cantidad de hilo de sustitución que necesitará.
Los patrones muestran las cantidades de hilo tanto en
peso como en longitud para que le resulte de ayuda.

Nota: la selección de una fibra distinta puede afectar
al diseño. Es preferible emplear las fibras acrílicas
que se indican en los patrones.

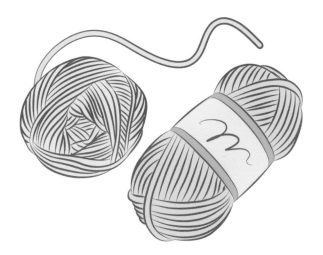

LEER LOS PATRONES

Si teje a partir de patrones por primera vez, invierta el tiempo que sea necesario para familiarizarse con las abreviaturas de la página 142 y compruebe que sabe hacer todos los puntos que se indican en el patrón. En las páginas 120 a 131 encontrará explicaciones sobre las técnicas de punto básicas, y en las páginas 132 a 135 hallará algunas técnicas de ganchillo. En ciertos patrones también se indica la realización de algunos puntos básicos de bordado (*véase pág. 137*). Puede ser buena idea practicar algunos de los puntos en una muestra antes de empezar con la labor.

Nota: las instrucciones se proporcionan primero para las tallas más pequeñas, y las del resto de tallas superiores aparecen entre paréntesis. Cuando hay dos cifras entre paréntesis, se hace referencia a las dos tallas más grandes. Cuando solo hay una cifra entre paréntesis, se hace referencia únicamente a la talla más grande. Antes de empezar, es recomendable fotocopiar el patrón y subrayar las instrucciones de la talla para la que se va a hacer la prenda.

Compruebe siempre la talla del patrón acabado antes de empezar y verifique que es apropiada para su hijo. Tal vez desee ajustar ligeramente el patrón; por ejemplo, si el niño tiene las manos largas, puede ser buena idea tejer un par de vueltas más en las manoplas.

asegúrese de tener todas las medidas, los utensilios y los materiales antes de empezar

primero aparece la talla más pequeña; las dos más grandes se muestran entre paréntesis

use las fotografías como guía cuando teja la pieza

pájaro azul dormilón

Un pico fácil de tejer y unas puntadas básicas de bordado transforman una labor sencilla en una prenda con estilo. Los adornos del gorro se repiten en miniatura en las manoplas.

LA TENSIÓN
DEL PUNTO

Para obtener el tamaño correcto, es importante tejer
con la tensión que se especifica en el patrón. Si el punto
queda demasiado suelto, la prenda tendrá una forma
irregular y no sentará bien. Si es demasiado apretado,
el tejido puede endurecerse y resultar poco flexible.
En los patrones se especifican los datos de tensión
para el punto de media y el punto inglés. Antes
de empezar la labor, haga siempre una muestra
para verificar la tensión empleando el hilo, el calibre
de aguja y el tipo de punto correctos.

Teja una muestra de al menos 13 cm. Alísela sobre
una superficie plana sin estirarla. Marque con alfileres
cada 10 cm y cuente el número de puntos que quedan
entre ellos. Esta será la medida de la tensión de la pieza.
Si obtiene más puntos y vueltas de lo que indica el patrón,
la muestra tiene demasiada tensión. En ese caso, teja
una nueva muestra usando agujas de mayor calibre.
Si salen menos puntos y vueltas, la tensión no es
suficiente, y deberá tejer una nueva muestra con
agujas de menor calibre.

TENSIÓN EN LOS PUNTOS

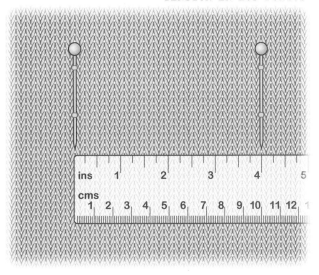

TENSIÓN EN LAS VUELTAS

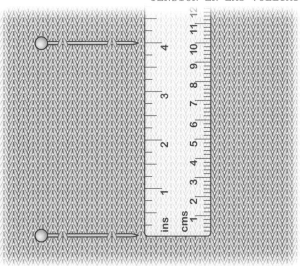

montar los puntos

Al empezar a tejer, el primer paso es hacer un nudo corredizo. Luego deberá crear una vuelta base haciendo lo que se denomina montar puntos. Hay varios modos de hacerlo. Aquí se describen dos de los más populares: montar con el pulgar o con dos agujas.

nudo corredizo

1 Enrolle el hilo en los dedos de la mano izquierda. Use la punta de la aguja de tejer para sacar por el centro el hilo de la parte más cercana al ovillo.

2 Tire de los dos extremos del hilo para hacer un nudo apretado en la aguja. Ya tiene el nudo corredizo.

PASO 1

PASO 2

montar puntos con el pulgar

Con este método, en el que solo se usa una aguja, se obtienen bordes flexibles que ceden un poco. Como va a trabajar hacia el final del hilo, asegúrese de que sea lo bastante largo como para montar los puntos de la vuelta base. Deje más hilo del que le vaya a hacer falta, pues lo que sobre puede usarse más tarde para rematar la prenda.

1 Haga un nudo corredizo (véase página anterior), dejando un extremo largo de hilo. El nudo debe estar en la aguja de la mano derecha. Enrolle el trozo de hilo alrededor del pulgar izquierdo de delante hacia atrás y sujételo cerrando los dedos sobre la palma de la mano.

2 Introduzca la aguja hacia arriba por debajo del hilo que está enrollado alrededor del pulgar.

3 Use el dedo índice de la mano derecha para enrollar alrededor de la punta de la aguja el hilo de la parte del ovillo.

4 Pase el hilo para formar un punto en la aguja dejando que se salga del pulgar. Tire del extremo de hilo para apretar el punto. Repita estos pasos hasta que obtenga el número de puntos deseado.

PASO 1

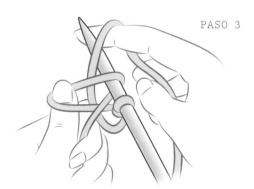

PASO 2

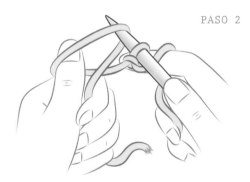

PASO 3

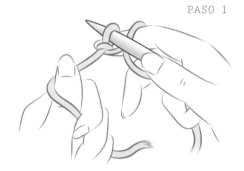

PASO 4

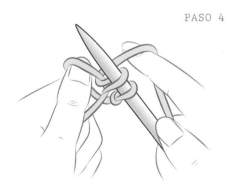

montar puntos con una aguja auxiliar

Al montar puntos con dos agujas se obtiene un borde flexible, excelente para bordes de punto inglés. Es uno de los modos más populares de montar puntos. **No haga los puntos demasiado apretados** porque luego tendrá que introducir la aguja entre ellos para crear la siguiente vuelta.

1 Haga un nudo corredizo (véase pág. 120). Con la aguja que tiene el nudo corredizo en la mano izquierda, introduzca la punta de la otra aguja por el nudo corredizo de derecha a izquierda y de delante hacia atrás. Pase el hilo de la parte del ovillo alrededor de la punta de la aguja derecha.

2 Pase la punta de la aguja derecha por el nudo corredizo arrastrando el hilo enrollado para crear otro punto, y páselo a la aguja de la mano izquierda.

3 Introduzca la punta de la aguja derecha entre los dos puntos de la aguja izquierda. Pase el hilo alrededor (pha) de la punta de la aguja derecha.

4 Con la aguja derecha, tire del hilo para crear un punto nuevo y páselo a la aguja izquierda. Repita los pasos 3 y 4 hasta que haya montado el número de puntos deseado.

PASO 1

PASO 2

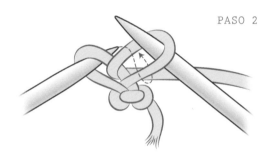

PASO 3

PASO 4

técnicas de punto

punto del derecho (pd)

Este es el primer punto que conviene aprender. Si se hace en todas las vueltas, se obtiene el denominado punto bobo (*véase pág. 129*).

1 Sujete la aguja que tiene los puntos montados en la mano izquierda, introduzca la punta de la aguja derecha en el primer punto, de izquierda a derecha, y de arriba abajo.

2 Sujete el hilo de la parte del ovillo en el dedo índice de la mano derecha. Pase este hilo alrededor de la punta de la aguja derecha.

3 Pase la aguja derecha y el hilo a través del punto montado para formar un punto nuevo en la aguja derecha y saque el punto montado de la aguja izquierda.

Repita estos pasos hasta haber hecho todos los puntos de la aguja izquierda. Entonces habrá acabado de hacer la primera vuelta.

PASO 1

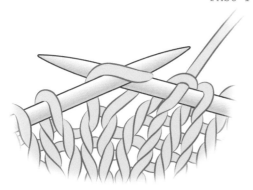

PASO 2

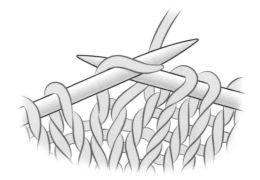

PASO 3

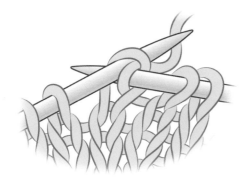

punto del revés (pr)

El siguiente punto que conviene aprender es el punto del revés. Cuando se hacen punto del derecho y del revés en vueltas alternas, el resultado es el llamado punto de media (véase pág. 129), que se utiliza en todos los patrones de este libro.

1 Sujete el hilo por la parte delantera de la aguja derecha. Introduzca la punta de la aguja derecha de derecha a izquierda por la parte delantera del primer punto de la aguja izquierda.

2 Sujete el hilo de la parte del ovillo en el dedo índice de la mano derecha. Pase este hilo alrededor de la punta de la aguja de la mano derecha.

3 Con la aguja derecha, tire del hilo y páselo al otro lado para formar un punto nuevo en la aguja derecha y saque el punto inicial de la aguja izquierda.

Repita estos pasos hasta haber hecho todos los puntos de la aguja izquierda. Entonces habrá acabado de hacer una vuelta de punto del revés.

PASO 1

PASO 2

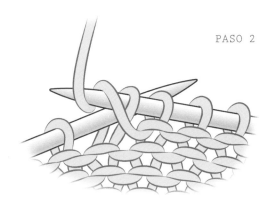

PASO 3

aumentos

Los aumentos de puntos se hacen para añadir anchura a la prenda, por ejemplo, a la hora de crear el escudete de las manoplas. En este libro se presentan dos modos de hacer aumentos; en los patrones se indica cuál de los dos métodos usar.

AUMENTAR 1 PUNTO (aum1)

1 Introduzca la punta de la aguja izquierda de delante hacia atrás por debajo del hilo horizontal que hay entre la puntada que acaba de hacer, y que tiene en la aguja derecha, y el primer punto de la aguja izquierda.

2 Téjalo por la parte de atrás del punto. Pase el hilo de la aguja izquierda a la derecha. Habrá creado un punto adicional en la aguja derecha.

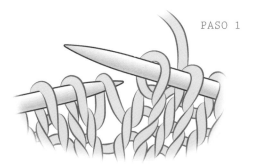

PASO 1

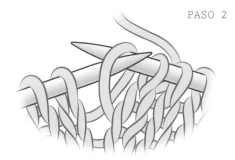

PASO 2

PASAR LA HEBRA (ph)

1 Pasar la hebra entre puntos del derecho

Lleve el hilo hacia delante entre las dos agujas, desde la parte posterior a la delantera de la labor. Pase el hilo alrededor de la aguja derecha y haga el siguiente punto del derecho.

2 Pasar la hebra entre puntos del revés

Lleve el hilo desde la aguja derecha hacia atrás y luego entre las agujas, hacia la parte delantera de la labor. Haga el siguiente punto del revés.

3 Pasar la hebra entre un punto del revés y otro del derecho

Lleve el hilo desde la parte delantera de la labor y sobre la aguja derecha hacia la parte posterior de la labor. Haga el siguiente punto.

4 Pasar la hebra entre un punto del derecho y otro del revés

Lleve el hilo hacia delante entre las agujas desde la parte posterior hacia la parte delantera de la labor. Lleve el hilo sobre la parte superior de la aguja derecha y hacia atrás. Luego llévelo hacia delante entre las agujas. Haga el siguiente punto.

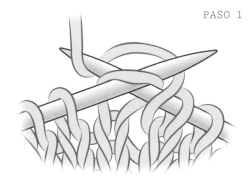

PASO 1

PASO 2

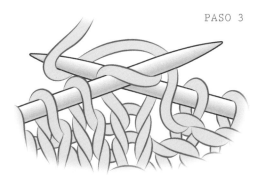

PASO 3

PASO 4

disminuir

Se disminuyen puntos para estrechar la prenda, por ejemplo, cuando se está dando forma a la parte superior de un gorro. En este libro se presentan dos modos de hacer disminuciones; en los patrones se indica cuál de los dos métodos usar.

1 TEJER DOS PUNTOS DEL DERECHO JUNTOS (t2pdj)

Se hace en una vuelta de punto del derecho. Introduzca la aguja derecha, de izquierda a derecha, por los siguientes dos puntos de la aguja izquierda. Haga los dos puntos juntos. Así habrá disminuido un punto.

2 TEJER DOS PUNTOS DEL REVÉS JUNTOS (t2prj)

Se hace en una vuelta de punto del revés. Introduzca la aguja derecha, de izquierda a derecha, por los siguientes dos puntos de la aguja izquierda. Haga los dos puntos juntos. Así habrá disminuido un punto.

PASO 1

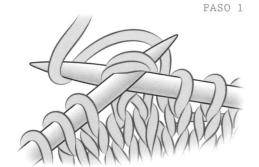

PASO 2

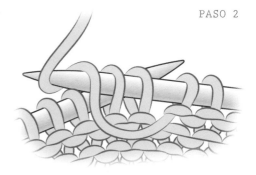

rematar

La última vuelta de remate tiene que ser firme, pero flexible, para que los gorros, las manoplas y los patucos se puedan quitar y poner con facilidad. Remate siempre en el patrón que esté usando.

REMATAR CON PUNTO DEL DERECHO

1 Haga dos puntos del modo habitual. Introduzca la punta de la aguja izquierda en el primer punto que ha hecho y que ahora tiene en la aguja derecha, y levántelo por encima del segundo punto para sacarlo de la aguja.

2 Ahora tiene solo un punto en la aguja derecha. Haga el siguiente punto. Repita el paso 1 hasta cerrar todos los puntos y dejar solo un punto en la aguja derecha. Pase el hilo por el último punto para rematar.

REMATAR CON PUNTO DEL REVÉS

1 Haga dos puntos del modo habitual. Introduzca la punta de la aguja izquierda por la parte posterior del primer punto que ha hecho y que ahora tiene en la aguja derecha, y levántelo por encima del segundo punto para sacarlo de la aguja.

2 Ahora tiene solo un punto en la aguja derecha. Haga el siguiente punto. Repita el paso 1 hasta cerrar todos los puntos y dejar solo un punto en la aguja derecha. Pase el hilo por el último punto para rematar.

REMATAR CON PUNTO
DEL DERECHO

PASO 1

PASO 2

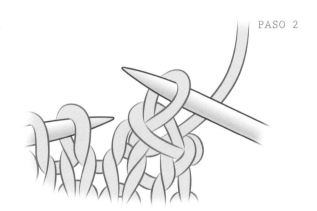

REMATAR CON PUNTO
DEL REVÉS

PASO 1

PASO 2

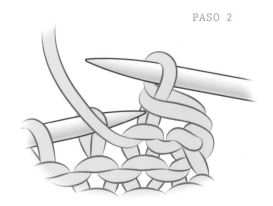

tipos de puntos

PUNTO DE MEDIA

Es el más utilizado en este libro. Para crearlo hay que hacer vueltas alternas de punto del derecho y punto del revés.

Monte los puntos necesarios.

Vuelta 1: punto del derecho.

Vuelta 2: punto del revés.

Repita las vueltas 1 y 2 para crear el punto de media.

PUNTO INGLÉS SENCILLO

En los patrones de este libro se usa el canalé o punto inglés sencillo de pd1, pr1. Se hace alternando el punto del derecho y del revés en cada vuelta para crear hileras longitudinales de puntos del derecho y del revés. El punto inglés tiene una cualidad elástica que lo hace apropiado para zonas que necesitan estirarse, como los puños de las manoplas.

Monte un número par de puntos.

Vuelta 1: *pd1, pr1, repita desde * hasta el final.

Repita esta vuelta para crear un patrón de punto inglés sencillo.

PUNTO INGLÉS DOBLE

Se emplea el canalé o punto inglés doble pd2, pr2 para hacer el gorro y las manoplas del osito benjamín.

Monte un múltiplo de 4 puntos y 2 puntos más:

Vuelta 1: pd2, *pr2, pd2, repita desde * hasta el final.

Vuelta 2: pr2, *pd2, pr2, repita desde * hasta el final.

Repita las vueltas 1 y 2 para crear el punto inglés doble.

PUNTO BOBO

Para hacer punto bobo, use el punto del derecho en todas las vueltas.

Monte el número de puntos necesarios.

Vuelta 1: punto del derecho.

Repita la vuelta 1 para crear el punto bobo.

PUNTO DE MEDIA

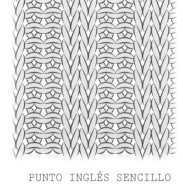

PUNTO INGLÉS SENCILLO

PUNTO INGLÉS DOBLE

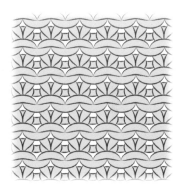

PUNTO BOBO

Ochos

Para hacer un ocho, se cruza un grupo de puntos sobre otro. El ocho forma una hilera vertical de punto de media y resulta un diseño atractivo, como puede verse, por ejemplo, en el patrón del gorro del elfo alienígena (*veáse* pág. 56).

OCHOS CRUZADOS POR DETRÁS

1 Pase de la aguja izquierda a la aguja auxiliar los dos primeros puntos del ocho.

2 Con la auxiliar en la parte posterior de la prenda, haga los siguientes dos puntos en la aguja izquierda. Asegúrese de que aprieta bien el hilo para que no queden orificios. Haga los siguientes dos puntos de la aguja auxiliar. Con esto habrá realizado un ocho.

PASO 1

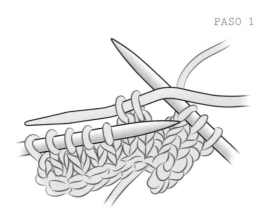

PASO 2

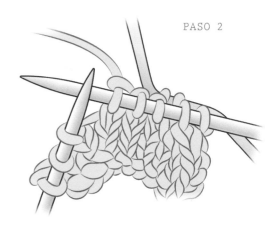

OCHOS CRUZADOS POR DELANTE

1 Pase de la aguja izquierda a la aguja auxiliar los dos primeros puntos del ocho. Con la aguja auxiliar en la parte delantera de la prenda, haga los siguientes dos puntos en la aguja izquierda. Asegúrese de que aprieta bien el hilo para que no queden orificios.

2 Haga los siguientes dos puntos de la aguja auxiliar. Con esto habrá realizado un ocho.

PASO 1

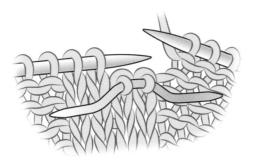

PASO 2

coger puntos

Cuando haga los cuellos de los gorros de este libro, tendrá que coger puntos de los lados del gorro. El patrón le indicará cuántos puntos necesita coger.

A LO LARGO DE UN ORILLO

Trabaje con el lado del derecho de la prenda mirando hacia usted. Introduzca la aguja de delante hacia atrás entre el primer y el segundo puntos de la primera vuelta. Pase el hilo alrededor de la aguja y sáquelo para crear un nuevo punto en la aguja. Repita la operación a lo largo del borde de la pieza.

tejer en redondo

En los patrones de este libro, se utilizan cuatro agujas para tejer en redondo. Divida los puntos de manera uniforme entre tres agujas para formar un triángulo. Antes de empezar a tejer, asegúrese de que la vuelta base no esté retorcida. Use un marcador para señalar el comienzo de la vuelta.

Empiece a tejer con la cuarta aguja. Cuando se quede libre una aguja, úsela para tejer los puntos de la siguiente. Al pasar de una aguja a otra, tire del hilo firmemente para que no se le forme una carrera.

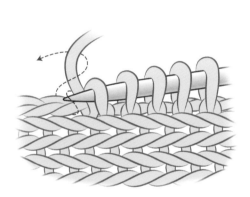

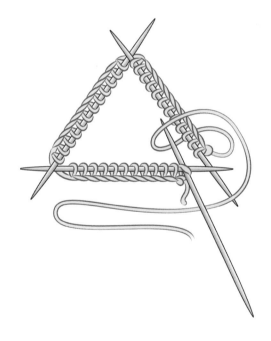

puntos de ganchillo

Para hacer algunas de las labores de este libro, es necesario tener nociones de ganchillo. Todos los tipos de punto que necesitará se explican en esta sección.

A la mayor parte de la gente le gusta sujetar el ganchillo como si fuera un cuchillo o un lápiz, pero se puede experimentar y buscar el modo el que a cada uno le resulte más cómodo cogerlo.

NUDO CORREDIZO

Todas las piezas de ganchillo comienzan con un nudo corredizo.

1 Haga un bucle en el hilo.

2 Enganche con la aguja el hilo de la parte del ovillo y páselo por el bucle.

3 Tire del hilo para apretar el nudo.

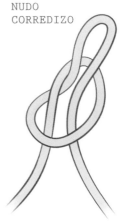

NUDO
CORREDIZO

PASO 2

HACER CADENETA (C)

Es la primera vuelta de una pieza de ganchillo.

1 Haga un nudo corredizo como se ha indicado.

2 Sujete el extremo del hilo de la parte del ovillo con la mano izquierda.

3 Pase el ganchillo por delante, por debajo y alrededor del hilo.

4 Pase el hilo por el punto que tiene en la aguja.

5 Repita los pasos 2 a 4 hasta que tenga el número deseado de cadenetas.

HACER CADENETA

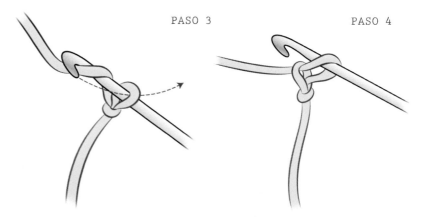

PASO 3

PASO 4

PUNTO RASO (pra)

El punto raso se utiliza para unir un punto con otro y, por lo general, para crear un círculo.

1 Introduzca el ganchillo en las hebras del siguiente punto (si va a unir la cadeneta inicial, como aquí, solo hace falta que meta el ganchillo en la de detrás).

2 Pase el hilo alrededor de la aguja (pha), como ha hecho para la cadeneta, y páselo a través de los dos puntos.

Punto raso en una vuelta

Para hacer punto raso en una vuelta, introduzca el ganchillo a través de las dos hebras del siguiente punto, como se muestra en el dibujo, y luego realice el paso **2**.

PASO 1

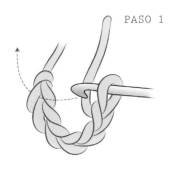

PASO 2

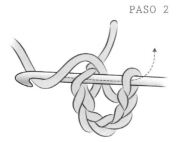

PUNTO BAJO (PB)

Se trata de un punto denso que, en este libro, se emplea a menudo para los adornos de los gorros o las manoplas.

1 Introduzca el ganchillo en el siguiente punto de delante hacia atrás. Pase el hilo alrededor de la aguja (pha).

2 Pase el ganchillo a través de un punto dejando dos puntos en la aguja. Pha.

3 Haga pasar el ganchillo a través de los dos puntos restantes para finalizar.

PASO 1

PASO 3

PUNTO ALTO (PA)

El punto alto crea un tejido más abierto que el punto bajo.

1 Pase el hilo alrededor de la aguja de delante hacia atrás.

2 Introduzca el ganchillo en el siguiente punto de delante hacia atrás.

3 Pha. Haga pasar el hilo por el punto dejando tres puntos en la aguja.

4 Pha de nuevo. Pase el hilo a través de los primeros dos puntos.

5 Pha de nuevo y pase el hilo a través de los dos últimos puntos.

MEDIO PUNTO ALTO (MPA)

Este punto es la mitad de alto que el punto alto. En el paso 4, haga pasar la aguja a través de todos los puntos.

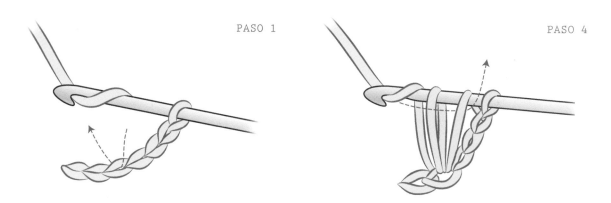

PASO 1   PASO 4

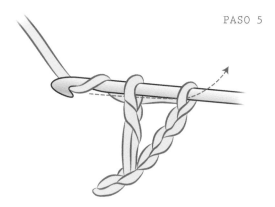

PASO 5

rematar una pieza de ganchillo y entretejer los hilos

REMATAR LA PIEZA

1 Haga el último punto.

2 Corte el hilo dejando un extremo de 5-8 cm.

3 Enrolle el hilo alrededor de la aguja y páselo a través del punto que tiene en la aguja.

4 Tire del hilo para apretar el nudo.

ENTRETEJER LOS HILOS SUELTOS

1 Enhebre el extremo de hilo en una aguja lanera.

2 Introduzca la aguja hacia abajo por el borde lateral de la pieza.

3 Haga pasar el hilo.

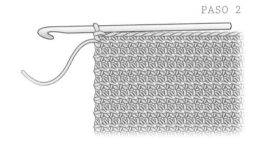

PASO 2

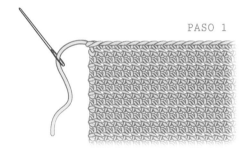

PASO 1

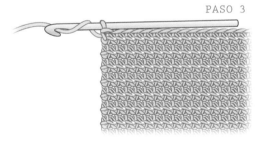

PASO 3

PASO 2

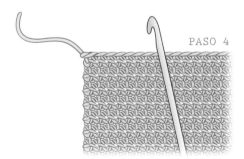

PASO 4

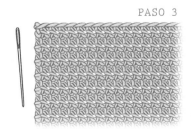

PASO 3

puntadas con aguja

A la hora de crear una prenda de punto, es importante la fase de coser, ya que afectará al aspecto de la pieza. Cuando monte los puntos, es recomendable dejar un extremo de hilo largo, que empleará al final para coser la labor. Si no lo hubiera hecho, cuando asegure el hilo de la costura, deje un trozo sobrante que pueda utilizar después.

Las instrucciones del patrón le indicarán cuándo debe coser los distintos elementos de la pieza. En el libro se indica el método de la costura invisible para unir dos bordes rematados. Cosa siempre las costuras con una aguja de coser roma o lanera, que no dividirá ni dañará el hilo.

costura invisible

1 Junte los dos bordes rematados. Saque la aguja por el centro del primer punto, justo debajo del borde rematado de una de las piezas. Introduzca la aguja por el centro del primer punto de la segunda pieza y sáquela por el centro del siguiente punto.

2 Introduzca ahora la aguja por el centro del primer punto de la primera pieza. Sáquela por el centro del punto contiguo. Continúe cosiendo de este modo hasta el final de la costura.

PASO 1

PASO 2

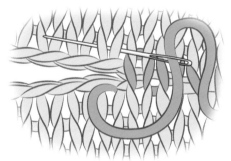

bordado

En las labores de este libro se emplean algunos puntos de bordado básicos, como, por ejemplo, en el caso de la boca sonriente de la ranita graciosa (*véase pág. 92*). El hilo que necesitará se especifica en cada labor. También le hará falta una aguja de coser.

PUNTADA RECTA

Introduzca y saque la aguja a lo largo de la línea de costura. Asegúrese de que las puntadas que se ven por el derecho tengan una longitud uniforme. Las puntadas que se ven por el revés deben tener también una longitud uniforme, pero aproximadamente la mitad del tamaño de las que se ven por el derecho.

PUNTO ATRÁS

A continuación se explica cómo hacer punto atrás de derecha a izquierda.

1 Saque la aguja por el punto 1 y dé una puntada hacia la derecha introduciendo la aguja por el punto 2.

2 Ahora lleve la aguja a la izquierda del primer punto y sáquela a una distancia equivalente a una puntada (punto 3).

3 Dé una puntada hacia la derecha introduciendo la aguja por el punto 1.

4 Repita el proceso hasta el final de la vuelta.

PUNTADA
RECTA

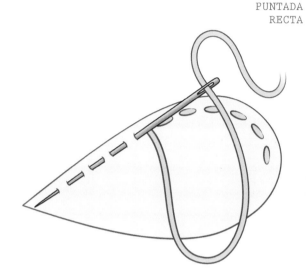

PUNTO ATRÁS

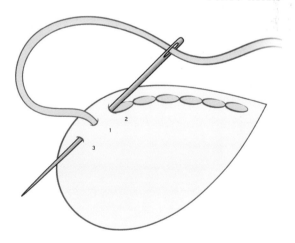

acabado y cuidados

cerrar aletas y orejas

Esta técnica se emplea para cerrar las aletas y las orejas en los siguientes patrones: el gorro del tiburoncito y el de gallito rojo, el gorro y las manoplas del lindo dragón, y el gorro y las manoplas del búho sabio. Antes de empezar con una de estas labores, practique esta técnica aplicando las siguientes instrucciones:

Monte 21 pts.
Vueltas 1-4: punto de media.
Vuelta 5: pd10, ph, pd1, ph, pd10. (23 pts)
Vuelta 6: pr11, ph, pr1, ph, pr11. (25 pts)
Vuelta 7: pd12, ph, pd1, ph, pd12. (27 pts) (Paso A)
Vuelta 8: pr13, ph, pr1, ph, pr13. (29 pts)
Vuelta 9: pd14, ph, pd1, ph, pd14. (31 pts)
Vuelta 10: pr15, ph, pr1, ph, pr15. (33 pts)
Vuelta 11: pd16, ph, pd1, ph, pd16. (35 pts)
Vuelta 12: pr17, ph, pr1, ph, pr17. (37 pts)
Vuelta 13: pd18, ph, pd1, ph, pd18. (39 pts)
Vuelta 14: pr19, ph, pr1, ph, pr19. (41 pts)
Vuelta 15: pd10, ph, pase los 10 siguientes pts a la aguja derecha sin tejerlos, junte las agujas de modo que estén en paralelo y se junten los lados del revés de la labor, y las puntas de las agujas estén mirando a la derecha (la aguja de la derecha está atrás), pase el siguiente punto de la aguja de tejer izquierda a una aguja de ganchillo; será el punto 21.º de la vuelta. Introduzca la aguja de ganchillo en el punto 20.º (siguiente pt. de la aguja derecha –paso B–), sáquelo de la aguja de tejer a la de ganchillo y páselo por el punto que hay en la aguja de ganchillo (paso C).

Continúe del modo siguiente:
introduzca la aguja de ganchillo en el siguiente pt. de la aguja de tejer izquierda (paso D), sáquelo de la aguja de tejer a la de ganchillo y pase este punto por el que está en la aguja de ganchillo. Meta la aguja de ganchillo en el siguiente punto de la aguja de tejer derecha, sáquelo de la aguja de tejer a la de ganchillo y páselo por el punto que está en la aguja de ganchillo.
repita desde ** hasta ** hasta haber hecho pasar por el siguiente punto de la aguja izquierda todos los puntos de la aguja derecha (11.º pt). Introduzca la aguja de ganchillo en el siguiente punto de la aguja izquierda, sáquelo de la aguja de tejer a la de ganchillo y páselo por el punto que ya está en la aguja de ganchillo; pase el punto de la aguja de ganchillo a la aguja de tejer izquierda, vuelva a colocar las agujas en la posición normal, pd11. 21 pts.

A Vuelta 7: pd12, ph, pd1, ph, pd12. (27 pts)
B Introduzca la aguja de ganchillo en el siguiente punto de la aguja de tejer derecha (pt. 20.º de la vuelta)
C Pase el punto 20.º por el punto 21.º
D Introduzca la aguja de ganchillo en el siguiente punto de la aguja de tejer izquierda.

A

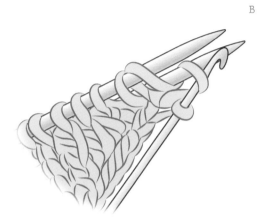

B

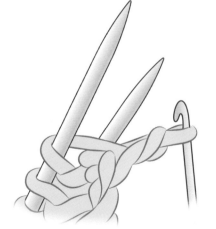

C

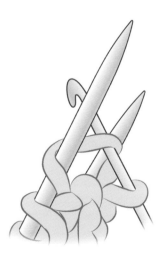

D

pompones

Los pompones constituyen detalles decorativos muy bonitos; además, se utilizan en las labores del dulce muñeco de nieve y el pingüino juguetón de este libro. Como estas prendas son para niños muy pequeños, asegúrese de atar bien el pompón para que los niños no lo suelten mientras están jugando.

1 Recorte dos círculos de cartón del mismo tamaño. Deben ser ligeramente más pequeños que el tamaño del pompón. Recorte un orificio en el centro de cada círculo. Junte los dos círculos. Enhebre una aguja de zurcir con hilo de lana y enróllelo alrededor de los bordes internos y externos de los círculos hasta cerrar el orificio.

2 Introduzca la punta de unas tijeras bien afiladas entre los dos círculos de cartón y vaya cortando la lana de todo el perímetro.

3 Ate firmemente un trozo de hilo entre los dos círculos y retírelos.

PASO 1

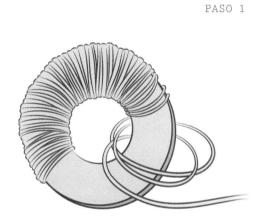

PASO 2

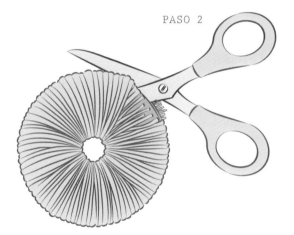

PASO 3

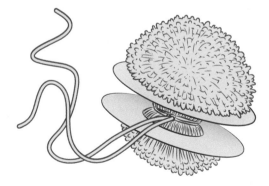

EL CUIDADO
DE LAS PRENDAS

Es importante cuidar las prendas para que duren el
máximo tiempo posible. Tenga en cuenta que la ropa
infantil debe lavarse a menudo, por lo que es importante
seguir cuidadosamente las instrucciones del fabricante.
Todos los hilos de este libro se pueden lavar a máquina.
Lea siempre las instrucciones de lavado que aparecen
en la banda del ovillo.

Si decide lavar a mano las prendas, asegúrese de
utilizar un detergente suave especial para ropa de punto,
así como agua templada, en lugar de caliente. Sumerja
la prenda en agua y presiónela con mucha suavidad para
lavarla. No la frote ni la agite. Una vez lavada y aclarada,
presione la prenda con mucho cuidado para que suelte
el agua antes de sacarla del lavadero. Enróllela en una
toalla para que absorba el exceso de agua.

Tanto si lava a mano como a máquina las prendas
de punto, es preferible dejar que se sequen en plano
sobre una toalla u otro tipo de paño absorbente. También
puede dar palmaditas a la prenda para que recupere
la forma mientras aún esté húmeda. No ponga nunca
a secar las prendas de punto en un radiador o sobre
otra fuente de calor directo.

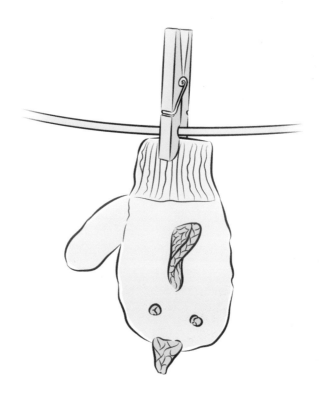

abreviaturas + conversiones

ABREVIATURAS DE PUNTO

aaux aguja auxiliar

pd punto del derecho

t2pdj tejer juntos, con punto del derecho, los dos siguientes puntos como si fueran uno solo

aum1 aumentar 1 punto insertando la aguja izquierda de delante hacia atrás por debajo de la hebra horizontal que queda entre el punto que acabamos de hacer, y que está en la aguja derecha, y el primer punto de la aguja izquierda, para tejerlo por la parte posterior y crear un nuevo punto en la aguja derecha.

aum1iz coger el segundo punto que haya debajo del primer punto de la aguja izquierda, colocarlo en la aguja izquierda y tejerlo; tejer el primer punto de la aguja izquierda.

aum1d tejer el primer punto de la aguja izquierda (ahora este punto se colocará en la aguja derecha), coger el segundo punto que haya debajo del primer punto de la aguja derecha, colocarlo en la izquierda y tejerlo.

pr punto del revés

t2prj tejer juntos, con punto del revés, los dos siguientes puntos como si fueran uno solo

rep repetir

pp pasar siguiente punto a la aguja derecha sin tejerlo

pt(s) punto(s)

ph pasar la hebra

** repetir las instrucciones entre ****** las veces que se indique

ABREVIATURAS DE GANCHILLO

c punto de cadeneta

pb punto bajo

pra punto raso

salt2 saltarse dos puntos

pa punto alto

3pa tres puntos altos en el mismo punto

mpa medio punto alto

AGUJAS DE PUNTO

Métrico	US	UK
2 mm	0	14
2.25 mm	1	13
2.75 mm	2	12
3 mm	-	11
3.25 mm	3	10
3.5 mm	4	-
3.75 mm	5	9
4 mm	6	8
4.5 mm	7	7
5 mm	8	6
5.5 mm	9	5
6 mm	10	4
6.5 mm	10,5	3
7 mm	10,5	2
7.5 mm	11	1
8 mm	13	0
10 mm	15	000

AGUJA DE GANCHILLO

US	Métrico	UK
C-2	2.75 mm	-
-	3 mm	11

recursos

HILOS

A. C. Moore
ww.acmoore.com
Aguja, punto, ganchillo, hilos y utensilios.

Etsy
www.etsy.com
Mercado en línea para productos y suministros hechos a mano
y *vintage*.

Joann Fabric and Craft Stores
www.joann.com
Suministros de tela, costura y artes de aguja

Knitting-Warehouse
www.knitting-warehouse.com
Ofertas en suministros de punto y ganchillo, hilos y libros.

Lion Brand Yarn
www.lionbrand.com
Hilos, utensilios, libros, patrones

Michael's
www.michaels.com
Punto y ganchillo, hilos y utensilios.

Yarn Market
www.yarnmarket.com
Hilos, utensilios y libros.

COMUNIDAD DEL PUNTO

Ravelry
www.ravelry.com
Comunidad para aficionados al punto y al ganchillo. Gratis.

índice